中国天然橡胶产业走出去研究

刘海清　主　编

刘志颐　周海慧　副主编

中国农业出版社

北　京

图书在版编目（CIP）数据

中国天然橡胶产业走出去研究／刘海清主编 . —北
京：中国农业出版社，2021.9
ISBN 978-7-109-28768-6

Ⅰ.①中… Ⅱ.①刘… Ⅲ.①天然橡胶－橡胶工业－
产业发展－研究－中国 Ⅳ.①F426.74

中国版本图书馆 CIP 数据核字（2021）第 193972 号

中国农业出版社出版

地址：北京市朝阳区麦子店街 18 号楼
邮编：100125
责任编辑：赵 刚
版式设计：杜 然 责任校对：刘丽香
印刷：北京中兴印刷有限公司
版次：2021 年 9 月第 1 版
印次：2021 年 9 月北京第 1 次印刷
发行：新华书店北京发行所
开本：720mm×960mm 1/16
印张：9.75
字数：150 千字
定价：58.00 元

前　言

党的十八大以来，党中央、国务院把农业"走出去"放到了更加突出的位置，习近平总书记提出"要加快推动农业走出去，增加国内农产品供给"。天然橡胶是国家重要的战略物资和工业原料，我国天然橡胶自给率连年下滑。保障国家战略物资天然橡胶供给安全，需要统筹利用国际国内两种资源两个市场，在全球范围内拓展我国天然橡胶产业发展和结构调整的空间。

中国天然橡胶产业走出去，就是加强天然橡胶产能国际合作，推动天然橡胶优势产能和先进技术转移，统筹利用境外资源市场，调剂国内天然橡胶供给余缺，促进国内天然橡胶产业转型升级。中国天然橡胶走出去，要坚持全产业链投资布局，高质量贸易引领，既要充分发挥政府在宏观调控、方向指引、服务保障等方面的作用，又要充分发挥市场在资源配置中的决定性作用，激发企业活力，形成政府引导、市场运作、企业主导的天然橡胶产业走出去机制。

从天然橡胶走出去种植区域的选择来看，重点投资区域首选东南亚国家中与中国毗邻的柬埔寨、老挝和缅甸三国；其次是非洲地区天然橡胶主产国。从天然橡胶走出去加工仓储物流区域的选择来看，重点投资区域首选泰国、马来西亚和印度尼西亚；其次是柬埔寨、缅甸、老挝和科特迪瓦。从天然橡胶进口贸易区域布局来看，重点布局区域首选泰国、印度尼西亚、越南、老挝、马来西亚、缅甸；其次是尼日利亚、柬埔寨、科特迪瓦。

本书是在全面梳理天然橡胶生产、消费、进出口贸易现状、查阅相关统计数据、研读相关研究文献、整理相关调查资料等的基础上，深入开展分析、讨论和研究形成的。全书共分九章，分别讨论了世界、各区域、重点国家天然橡胶生产、消费以及进出口贸易现状，对全球天然橡胶产业进行中长期展望，结合中国天然橡胶产业的发展及其与国际市场的关系，提出中国天然橡胶产业走出去的战略布局。

本书由国家农业科学数据中心（热带作物）数据资源建设项目（NASDC2020XM04）资助，内容丰富、深入浅出，为我们认识天然橡胶产业、关注天然橡胶产业、研究天然橡胶产业、开发天然橡胶产业提供了基础性材料。但是由于专业跨度和时间所限，错漏难免，敬请读者批评指正。可以预见，通过本书的出版和发行，有望使天然橡胶产业发展及科技创新得到社会各界更多的关注与支持，并在国家战略上受到应有的重视。

编　者

2021 年 9 月

目　　录

前言

摘要 ……………………………………………………………………… 1

第一章　世界天然橡胶生产与消费 ……………………………… 10

　　一、天然橡胶消费地位 ……………………………………… 10

　　二、橡胶树生长区域 ………………………………………… 11

　　三、天然橡胶供需比较 ……………………………………… 12

　　四、天然橡胶生产与消费的分布 …………………………… 15

第二章　各区域天然橡胶生产与消费 …………………………… 17

　　一、亚太地区 ………………………………………………… 17

　　二、欧洲、中东和非洲地区 ………………………………… 19

　　三、美洲地区 ………………………………………………… 20

第三章　亚太地区天然橡胶生产消费重点国家 ………………… 22

　　一、亚太地区天然橡胶生产国 ……………………………… 22

　　二、亚太地区主要天然橡胶消费国 ………………………… 58

　　三、亚太地区供需比较 ……………………………………… 63

　　四、亚太地区重点国家发展条件 …………………………… 64

第四章　欧洲、中东和非洲天然橡胶生产消费重点国家 ……… 69

　　一、非洲天然橡胶生产国 …………………………………… 69

二、欧洲、中东和非洲主要天然橡胶消费国 ············· 74

三、欧洲、中东和非洲供需比较 ····················· 77

四、非洲重点国家发展条件 ························· 77

第五章　美洲天然橡胶生产消费重点国家 ············· 81

一、美洲天然橡胶生产国 ························· 81

二、美洲主要天然橡胶消费国 ····················· 83

三、美洲供需比较 ····························· 86

四、美洲重点国家发展条件 ························· 86

第六章　天然橡胶贸易 ························· 89

一、全球天然橡胶贸易及分布 ····················· 89

二、各区域天然橡胶贸易 ························· 90

三、主要出口国家和地区 ························· 91

四、主要进口国家和地区 ························· 97

五、主要天然橡胶贸易商 ························· 110

六、天然橡胶价格 ····························· 112

第七章　全球天然橡胶发展展望 ··················· 119

一、中长期展望 ······························· 119

二、短期研判 ······························· 121

第八章　中国与国际天然橡胶发展 ················· 123

一、中国天然橡胶生产与加工现状 ················· 123

二、中国对国际天然橡胶市场的需求 ··············· 128

三、中国对国际天然橡胶市场的影响 ··············· 129

四、中国天然橡胶产业走出去现状及主要问题 ··········· 130

第九章　天然橡胶产业走出去战略布局 ··············· 136

一、发展思路与目标 ··························· 136

二、推动走出去的技术路径 …………………………………… 137

三、产业与市场布局建议 ……………………………………… 139

四、保障条件 …………………………………………………… 142

参考文献 ………………………………………………………… 144

摘　　要

天然橡胶是重要的战略资源，与煤炭、钢铁、石油并列为四大基础工业原料，是关系国计民生的基础产业。

从世界天然橡胶生产的区域与国别分布看，天然橡胶生产主要集中在亚太地区（Asia-Pacific），年天然橡胶产量占到世界总产量的90%左右，该区域天然橡胶产量的走势基本决定了世界天然橡胶产量的走势。根据国际橡胶研究组织（International Rubber Study Group，IRSG）统计，2020年世界天然橡胶产量为1 294.50万吨，其中亚太地区产量为1 137.30万吨，占世界总产量的87.86%，主要生产国依次是泰国、印度尼西亚、越南、中国、印度、马来西亚、柬埔寨、缅甸、老挝、菲律宾、斯里兰卡、孟加拉国、巴布亚新几内亚；欧洲、中东和非洲（Europe，the Middle East and Africa，EMEA）产量为122.27万吨，占世界总产量的9.44%，欧洲和中东均不具备种植橡胶树的气候条件，不适宜发展橡胶种植业，该区域中仅非洲适宜种植橡胶树，主要生产天然橡胶的国家有科特迪瓦、利比里亚、喀麦隆、尼日利亚、几内亚、刚果民主共和国、加蓬、加纳等；美洲（Americas）产量为35.00万吨，占世界总产量的2.70%，主要生产天然橡胶的国家有巴西、厄瓜多尔、玻利维亚、哥伦比亚、委内瑞拉、秘鲁、智利、乌拉圭、巴拉圭、阿根廷、圭亚那、苏里南等国家。

从世界天然橡胶消费的区域与国别分布看，世界天然橡胶年消费量从1960年的200.00万吨，上升至2020年的1 270.20万吨，年消费量平均增长率为7.16%。消费主要集中在亚太地区，2020年世界天然橡胶消费量中，亚太地区消费量为974.40万吨，占世界消费总量的76.71%。中国、印度、泰国、印度尼西亚是亚太地区前四大天然橡胶消费国，也是世界上天然橡胶消费量排名前五位的国家中的四个，2020年消费量占亚太地区天然橡胶消费量的80.21%，占世界天然橡胶消费总量的比例为61.53%，并呈现逐步增加的趋势；欧洲、中东和非洲天然橡胶消费量为 152.30 万吨，占世界消费总量的 11.99％，该区域天然橡胶的消费主要集中在欧洲，特别是欧盟 27 国消费量达到 101.82 万吨，德国、西班牙、意大利等国家，年消费量均在 10 万吨以上，中东地区天然橡胶消费主要集中在土耳其、埃及、伊朗、以色列 4 个国家，非洲国家天然橡胶加工能力较弱，天然橡胶消费量较少，生产的天然橡胶 95％以上供应出口创汇；美洲天然橡胶消费量为 143.50 万吨，占世界消费总量的 11.30％，主要消费国有美国、巴西和加拿大。

从世界天然橡胶进出口贸易分布看，据联合国粮农组织（Food and Agriculture Organization of the United Nations，FAO）统计，世界大约有 100 个国家出口天然橡胶，150 个国家进口天然橡胶，在出口的国家中，很大一部分国家自身不具备生产天然橡胶的气候条件，但是通过进口转出口，开展天然橡胶进出口贸易以及加工业务。

据 IRSG 统计，2020 年，世界出口天然橡胶 1 153.90 万吨，同比减少 0.63％。其中，亚太地区为主要出口区域，出口量为 987.97 万吨，占世界出口总量的 85.62％，非洲与美洲也有少量出口。泰国、印度尼西亚、越南、马来西亚为主要出口国，出口量占世界出口总量的 78.19％。其中，泰国是世界上最大的天然橡胶出口国，主要出口到中国、日本、韩国、马来西亚、欧盟和美国等国家或地区；印度尼西亚是世界上第二大天然橡胶出口国，主要出口到中国、日本、韩国、新加坡、德国和美国等国家或地区；越南是世界上第三大天然橡胶出口国，主要出口到中国、韩国、马来西亚、欧盟和美国等国家或地区；马来西亚是世界上第四大天然橡胶出口国，主要出口到中国、韩国、法国、德国、巴西和美国等国家或地区。

2020 年，世界进口天然橡胶 1 179.20 万吨，同比减少 1.49％。其中，亚太地区为第一大进口区域，进口量为 880.48 万吨，占世界进口总量的 74.67％；第二为欧洲、中东和非洲地区，进口量为 76.28 万吨，占世界进口总量的 14.95％；第三为美洲，进口量为 117.45 万吨，占世界进口总量的 9.96％。中国、马来西亚、美国、越南、日本为主要进口国，进口量占世界进口总量的 74.52％。其中，中国是世界上最大的天然橡胶进口国，2020 年进口量占世界进口量的 46.15％，主要进口来源国家有泰国、马来西亚、印度尼西亚和越南等；马来西亚是世界上第二大天然橡胶进口国，2020

年进口量占世界进口总量的 10.36%，主要进口来源国家有印度尼西亚、泰国、越南和科特迪瓦等；美国是世界上第三大天然橡胶进口国，2020 年进口量占世界进口总量的 6.82%，主要进口来源国家有印度尼西亚、泰国、科特迪瓦和利比里亚等；越南是世界上第四大天然橡胶进口国，2020 年进口量占世界进口总量的 5.46%，主要进口来源国家有柬埔寨、印度尼西亚、老挝、马来西亚和泰国等；日本是世界上第五大天然橡胶进口国，2020 年进口量占世界进口总量的 4.73%，主要进口来源国有泰国、印度尼西亚、马来西亚和越南等。

世界天然橡胶的生产集中在泰国、印度尼西亚、马来西亚和印度、越南，天然橡胶的消费集中在中国、北美、西欧、日本和韩国，所以天然橡胶的国际贸易基本是从东南亚出口到中国、美国、西欧、日韩等，同时中国的天然橡胶制品（例如轮胎、胶管、传输带等）又主要出口到美国、墨西哥、英国、澳大利亚、阿联酋、沙特阿拉伯、加拿大等国家。天然橡胶产业在全球范围内的物流呈现以东南亚为辐射地，以初加工后的原材料或成品的形式向世界各地输送的格局。中国正逐渐成长为新的天然橡胶贸易中心，世界天然橡胶的需求向以中国为首的新兴市场转移。世界天然橡胶产量稳步增长，需求则从发达国家向新兴市场转移，未来国际贸易将会越来越活跃、贸易量将会越来越大。

从中国与世界天然橡胶产业发展看，中国是世界上天然橡胶第一大消费国，也是第一大进口国。中国消耗了全球接近 50% 的天然橡胶，而中国国内供应增幅有限，目前高度依赖进口，自给率已经低于 20%，据测算，2020 年自给率仅为 13.70%。预计到 2030 年，中国天然橡胶需求量将达到 600 万吨，供需缺口高达 500 万吨。同时没有掌握国际市场上天然橡胶的定价权，进口量增加时，国际市场价格就上涨；进口量减少时，国际市场价格就下跌。

全球范围内争夺天然橡胶资源日益激烈。长期以来，中国天然橡胶进口高度集中在泰国、马来西亚、印度尼西亚、越南等国，2014 年进口总量的 96.77% 来自上述 4 国，2016 年该 4 国进口总量占比为 95.90%，2020 年该 4 国进口总量占比为 89.96%，虽然占比略有下降，但从上述 4 国进口总量持续增加。同时，美国、欧盟、日本等主要进口国和地区在世界适宜植胶区大量开发种植橡胶树，占领热带农业资源。国际橡胶联盟也不断出台措施，以便垄断天然橡胶供应，调控国际市场价格，保护联盟成员国家农民经济利益。进口来源的高度集中、资源争夺的加剧和地缘政治的不稳定使我国天然橡胶供给存在很多不稳定因素。

保障和维护国家天然橡胶安全的任务更加艰巨。受气候条件的限制，我国适合橡胶树生长的区域有限，仅海南、云南、广东等部分及福建、广西局部地区可以种植。目前适宜种植橡胶树的区域橡胶的种植格局、种植习惯已基本形成，改扩种、更新橡胶树的土地面积非常有限。同时随着工业化、城镇化进程不断加快，天然橡胶市场价格的持续低迷以及其他经济效益高的名、特、优、稀、新热带作物不断涌现，土地资源约束更加凸显，依靠扩大种植面积来提高国内天然橡胶产量的空间十分有限。

中国天然橡胶产业发展的话语权亟待加强。中国尚未建立起有效利用国际天然橡胶资源和市场的战略机制，在国际天然橡胶贸易中缺少话语权和定价权。新世纪以来，全球天然橡胶市场价格阶段性波动加剧，特别是近年来，天然橡胶价格暴涨暴跌，严重影响产业稳定、持续发展。高位时胶农超强度割胶，下游制品企业负担沉重；低位时胶农收入大幅下滑，胶农流失、胶园弃割弃管，甚至出现砍树改种其他作物的现象。橡胶树是长期作物，产能形成具有滞后性，一旦受损，短期内难以恢复，对天然橡胶安全供给造成深远影响。

橡胶产品经贸等领域的摩擦加剧亟待破解。近年来，全球范围内的贸易保护主义、单边主义抬头。以美国为首的西方国家在经贸、投资、科技、产业等领域对我国进行全方位打压。同时，新冠肺炎疫情发生后，一些国家"自顾"倾向明显上升，不仅要强化国内生产供应，还要压制我国对外合作空间。在这种政治环境下，天然橡胶进口面临的不确定性增加，统筹协调、破解贸易摩擦的任务更重。

新冠肺炎疫情给天然橡胶产业的冲击亟待清除。国际疫情仍然复杂严峻，人流物流严重受阻，境外项目大都面临国内人员出不去、国外人员回不来的问题，天然橡胶相关产品的进出口受到口岸关闭、检疫要求升级、运输工具不足的影响，很多境外项目无法正常动工，也导致天然橡胶进出口贸易途径不畅。同时，国际市场风险加剧，市场价格波动、境外合作企业违约、部分国家汇率大幅震荡等风险都在增加，给天然橡胶产业也带来了冲击。

中国天然橡胶产业走出去的发展思路：立足国际国内两种资源、两个市场，紧紧围绕国家农业对外合作"十四五"规划和"十四五"时期共建"一带一路"农业合作规划等纲领性文件，统筹谋划重点国别、市场、产品的区域布局，以培育具有国际竞争力的跨国大胶商、大企业为抓手，以对外天然橡胶投资、贸易、技术合作为途径，以开发利用境外天然橡胶资源为突破口，以构建稳定、安全的天然橡胶供应体系为己任，着力创新农业对外开放机制，加快国内优势产能转移，有效促进国际国内天然橡胶要素有序流动、资源高效配置、市场深度融合，大力提升我国天然橡胶产业对外合作过程中的全球竞争力、资源配置力、市场控制力和国际影响力。

中国天然橡胶产业走出去的基本原则为：

——优化布局，突出重点。综合考虑境外目标国天然橡胶自然资源条件、经济社会发展水平、产业比较优势，优化生产区域布局，全面参与全球价值链、产业链建构，重点强化与东南亚、非洲等区域重点国家合作，突出主攻方向和关键环节。

——政府引导，市场主体。坚持以企业为主体，实行市场化运作，发挥市场在资源配置中的决定性作用，深化改革，加强政府对天然橡胶产业政策、资金、服务上的支持力度，促进企业间协同推进。

——龙头带动，优势互补。结合东道国发展诉求，充分利用中国资金、技术、市场及经验优势和多双边农业合作平台，发挥龙头企业的示范带动作用，抱团出海，构建橡胶树种植与天然橡胶加工、仓储、物流、贸易全产业链体系，实现互利共赢。

——防范风险，持续发展。严把投资论证，强化市场、融资、汇率、政治风险监测与评估，做好应急预案，确保项目安全运营；主动融入东道国经济社会发展，自觉履行社会责任，保护生态环境，实现境外天然橡胶产业的可持续发展。

中国天然橡胶产业走出去的发展目标：到2025年，培育1～2家具有国际竞争优势的跨国大胶商、大企业，新建和收购一批境外橡胶种植园，建立境外若干生产加工基地和技术服务中心，初步建立面向东南亚和非洲等重点区域的天然橡胶产品加工、仓储、物流体系，提高我国在境外天然橡胶产能和供给能力；建立国际化的天然橡胶产品电子交易平台，推进天然橡胶期货上市交易，增强国际市场定价权。到 2030 年，具有国际竞争优势的跨国大胶商、大企业达到 5 家左右，境外天然橡胶全产业链建设取得明显进展，天然橡胶市场价格国际话语权稳步提升，天然橡胶产业走上高质量发展之路。

推动中国天然橡胶产业走出去的技术路径：一是培育国际大胶商、大企业。依托广东、海南、云南三大植胶农垦拥有大基地、大产业和大企业的独特优势，深化国有天然橡胶企业改革，加大资源整合力度，实施联合体、联盟、联营体三大经营战略，推广产业化、集团化和股份化三大现代经营模式，通过资源集聚与资本运作相结合等现代经营方式，组建天然橡胶行业联盟，在天然橡胶销售、加工、种业、科技创新、信息、产业基金等领域开展全面务实合作，通过实施"协同、交叉、一体化"战略和"联合、联盟、联营"方式，促进海南、云南、广东农垦天然橡胶资源整合和优化配置，加快形成以资本为纽带、联结紧密的利益共同体，打造国际化大胶商，牢牢把握天然橡胶产业的话语权和控制力。二是建立一批境外规模化生产加工基地。立足我国天然橡胶资源需求快速增长、供给需求缺口巨大，过度依赖进口易受制于人，而发达国家加快国际天然橡胶资源的争夺，国际主要产胶国建立资源联盟，极大制约了我国对国际天然橡胶生产、价格、市场等规则的参与权。在这种情况下，我国应加快实施走出去战略，按照政府引导、企业运作的方式，将企业建设境外天然橡胶生产加工基地项目列入政府间农业经济合作框架，转变海外投资方式，加快从目前独资、新建为主，转向以合资合作、新建、扩建、并购、参股、上市等多种方式并举，绕过主要产胶国联盟的壁垒，支持企业在境外布局一批天然橡胶生产加工基地，鼓励有实力的各类所有制企业抱团出海参与境外合作园区建设和运营，增加对国际天然橡胶资源的控制总量，增强我国在国际天然橡胶产业的影响力，提高我国天然橡胶的供给能力和对全球天然橡胶资源的控制力，保证国家经济安全。三是推进境外全产业链建设。以东道国重点鼓励的天然橡胶产业链环节为重点，为产业链各类企业走出去参与境外投资合作搭建平台，以育种研发、加工、仓储、物流体系建设等为重点，提升产业链环节上企业资源整合、优势互补，形成功能相互配套、相互衔接的优势产业集群。支持企业与农业科研机构（大学）组成产学研联盟，实现规模扩张和对农业产业链各个环节的掌握。

支持企业建立天然橡胶产销加工储运基地，注重生产加工基地与国内外价值链和流通链之间的结合，实现多链互补和协同发展。支持企业通过参控股方式新建或者收购重要物流节点的港口、码头，重点在东南亚发展天然橡胶仓储物流体系，利用海陆丝绸之路国际运输通道，发展境内外农产品跨境运输，增强国际市场开拓能力。四是加强综合服务体系建设。加强境外橡胶树植保服务体系建设，构建"运转高效、反应迅速、功能齐全、防控有力"的监测、预警和防控系统，加强对境外重点国家橡胶树病虫害专业监测站点建设，建立橡胶树病虫害监测防控研究与信息处理中心，提高监测预警水平。加强与第三方检测机构合作，支持走出去企业建立天然橡胶产品质量检测实验室，提高现有天然橡胶产品检测机构装备水平，提升质量检测服务能力。提升境外市场与物流体系建设水平，支持企业在目标国构建天然橡胶仓储、物流设施，升级改造电子商务交易平台，建立国际化的天然橡胶产品电子交易平台，整合市场资源，扩大交易量，提升流通效率。

中国天然橡胶产业走出去市场布局建议：

从天然橡胶走出去种植区域的选择来看，我国天然橡胶企业重点投资区域可以分成两类：一是东南亚国家中与中国毗邻的柬埔寨、老挝和缅甸三国；二是非洲地区天然橡胶主产国。东南亚是世界天然橡胶的生产基地，同时是中国最大的天然橡胶进口来源地，占中国天然橡胶进口总量的90%以上。中国在天然橡胶贸易方面与东南亚有着极高的贸易依存度，加之中国与东南亚地缘相近，使东南亚成为中国天然橡胶产业合作的最重要的对象。柬埔寨、老挝和缅甸三国属于热带雨林气候，土地肥沃，高温高湿，是理想的橡胶树种植区域，宜胶荒地多，开发潜力大。柬埔寨、老挝和缅甸三国都有大量宜胶荒地可供开发，天然橡胶产业发展空间巨大；同时三国为典型的农业国家，经济落后，劳动力成本低；橡胶树种植属劳动密集型产业，三国低廉的劳动力成本和丰富的劳动力资源有利于天然橡胶产业的发展；三国与中国毗邻，运输便利，物流成本低；合作基础好，在缅甸、柬埔寨边境地区替代种植天然橡胶项目，为当地带来了良好的经济效益与社会效益；我国对"金三角"地区毒品替代种植扶持力度大，天然橡胶企业走出去可以充分利用该项政策优惠。非洲地区的自然条件较好，天然橡胶的生产潜力较大。非洲国家作为仅次于东南亚国家的第二大天然橡胶产区，其天然橡胶产量占全球的 6% 左右。尽管目前的天然橡胶总产量不高，但非洲有着适宜橡胶树种植的气候条件，还有着大量的土地资源，租地价格较东南亚国家低。同时，劳动力资源丰富，成本极低，非洲是东南亚地区理想的替代种植区域。特别是科特迪瓦、喀麦隆、加纳、尼日利亚、加蓬等国家历来重视与我国外交关系，我国在这些国家援建了大批的基础设施建设项目、农业技术示范中心等，中非经贸合作基础良好；非洲这些国家工业化程度低，经济落后，农业发展资金匮乏，天然橡胶 95% 以上是直接作为原材料出口，加工能力差，对中国农业投资、技术和加工需求迫切。科特迪瓦、喀麦隆、加纳、尼日利亚、加蓬等国家自身橡胶树的种植技术相对成熟，与我国有一定的合作基础。

从天然橡胶走出去加工仓储物流区域的选择来看，重点区域是泰国、马来西亚和印度尼西亚。主要是因为：一是这些国家的自然条件较好，基础设施建设也比较完善，本身就是天然橡胶产业发展较为成熟的国家，天然橡胶产量大，加工原料充足；二是三国均是中国天然橡胶供应大国，出口到中国的天然橡胶在当地经过深加工之后，能有效降低我国天然橡胶进口成本尤其是节约运输成本；三是广东农垦、海南农垦、云南农垦、中化国际等公司已经在这些国家以各种形式进行投资，取得了一定的规模效应，合作经验丰富，合作模式可行。次重点区域为柬埔寨、缅甸、老挝和科特迪瓦。主要是因为：一是四国与中国关系融洽，政治关系稳固，中国与四国在许多重大国际和地区问题上有着广泛共识，并保持良好合作态势，中国定期向四国提供大量的经济技术援助，深得四国政府和国民的信任；二是柬埔寨、缅甸、老挝地理位置优越，与中国毗邻，科特迪瓦与中国关系融洽，四国的橡胶产量都很大，缅甸、老挝与中国相邻，陆路运输方便快捷，科特迪瓦有便利的海运通道，加工产品可通往欧洲市场。

从天然橡胶进口贸易区域布局来看，重点区域为泰国、印度尼西亚、越南、老挝、马来西亚、缅甸。重点区域是我国布局天然橡胶进口来源地的首选，这六个国家橡胶种植潜在林地、水资源和劳动力资源非常丰富，天然橡胶单位面积产量高，出口规模大，营商环境及与中国的双边关系相对稳定。综合考虑现有资源禀赋、生产条件、贸易水平和双边关系基础等因素，该区域可以作为中国天然橡胶进口的重点区域。次重点区域为尼日利亚、柬埔寨、科特迪瓦。该区域发展天然橡胶产业的资源禀赋相对优越，尤其是尼日利亚单位林地农业劳动力远高于其他国家。科特迪瓦单产水平仅低于越南，营商环境及与中国的双边关系甚至比重点区域还优越，柬埔寨、科特迪瓦天然橡胶产业处于快速上升期，2021 年 1—7 月，科特迪瓦天然橡胶出口量已经达到 60.55 万吨，同比增长了 10.2%，柬埔寨天然橡胶出口量超过 13 万吨，同比增长接近 10%。该区域虽然目前产量相对较低，但是未来可以作为中国天然橡胶进口的次重点区域。

第一章　世界天然橡胶生产与消费

一、天然橡胶消费地位

世界上能够产橡胶的植物有 2 000 余种，其中巴西三叶橡胶树（俗称"橡胶树"）是重要的产橡胶植物，因为它的橡胶产量高、品质好、栽培容易、采割方便、生产成本低、经济寿命长。橡胶树全身都是宝，利用橡胶树流出来的胶水可以加工成天然橡胶。橡胶树的胶乳含橡胶，胶乳产生于树皮中的乳管，而乳管是从树皮中的形成层细胞分化产生的。割胶时，切断橡胶树皮上的乳管，胶乳从乳管中流出来，通过引导流入胶杯中。收集后分别加工成浓缩胶乳、烟胶片、风干片胶、皱片胶和颗粒胶（标准胶）等商品形式，就可作为天然橡胶原料出售了。

天然橡胶是国防工业不可缺少的战略资源，具有工业品和农产品双重性质，与煤炭、钢铁、石油并列为四大基础工业原料，也是其中唯一的可再生资源。天然橡胶具有弹性大、绝缘性好、耐磨性强以及隔气、隔水的气密性和耐曲折性等特点，汽车、飞机、大炮、坦克、舰艇以及各类车船、机具都需要消耗大量天然橡胶，如一辆 4 吨载重卡车需要约 300 千克干胶，一架飞机约需 600 千克，一辆坦克约需 800 千克。天然橡胶还用于各类电缆的外皮以及多种绝缘体，传送带和许多机械配件，水上救生制品，防雨用具，桥梁减震垫等。由天然橡胶加工成的浓缩胶乳还可制成各类橡胶薄膜制品，特别是医用手套、避孕套、输血胶管等。据统计，目前世界上的天然橡胶制品已经超过 7 万多种。随着现代工业的发展，许多新用途正在进行研究开发与利用。作为一种基础工业原料，类似于人体的血液，具有极端重要性，在当前和可预期的未来无法被合成橡胶以及其他产胶植物等完全替代。此外，从橡胶树的种子可以提炼出橡胶籽油，既是全世界植胶区的一种传统食用油，也可以作为工业用油，提炼油脂后的渣可以加工成肥料或者饲料，还可以作为种植食用菌的基质。橡胶树木材的纹理细致，橡胶木是一种优质实木，加工容易，如易刨切、砂光、钻孔、成型却不易开裂，漆膜附着力及耐磨性好，可制成锯材、胶合板、集成材等，基材经过再加工后可制作造型优美、曲线柔和、高附加值的家具以及家具部件、模压制品、楼梯、栏杆、扶手、地板等，在建材领域也被广泛应用，被公认为用途最广泛的轻质木材之一。

此外，橡胶林作为热带地区一种重要的人工经济林，具有无污染、可再生等特点，是热带地区森林生态系统不可或缺的组成部分。橡胶林可提高森林覆盖率、绿化地球、促进森林可持续发展、保持水土、维护热区生态平衡，同时具有非常大的碳汇价值。据测算，每公顷橡胶林每天可吸收二氧化碳 1 000 千克，释放氧气 730 千克，可为 980 位成年人提供 1 天呼吸所需氧气量，因此橡胶林强大的碳汇功能在 2030 年实现碳达峰，2060 年实现碳中和中将会发挥重要作用。

二、橡胶树生长区域

橡胶树属于典型热带作物，对气候条件比较敏感。自从有天然橡胶人工栽培以来，世界上各植胶国都是在赤道以南 10 度到以北 15 度之间的低海拔、低纬度的热带地区种植橡胶树。橡胶树种植区域一般要求年日照时数要在 2 000 小时以上；生长期对温度比较敏感，要求最高温度为 29～34℃，最低温度在 20℃左右；同时橡胶树耗水较多，一般要求年降水量在 1 500～2 500 毫米，平均相对湿度在 80% 以上，年降雨日＞150 天，最适宜于橡胶树的生长和排出胶水；橡胶树怕较强的风，年平均风速≥2.0 米/秒的地区，橡胶树就不能正常生长。国际粮农组织统计数据库上能够查到 2019 年 30 个国家有天然橡胶生产数据，从区域来看，主要集中在赤道附近的国家或地区，这 30 个国家分别是孟加拉国、巴西、玻利维亚、文莱、柬埔寨、喀麦隆、中非、中国、刚果（布）、科特迪瓦、刚果（金）、哥伦比亚、多米尼加、厄瓜多尔、加蓬、加纳、危地马拉、几内亚、印度、印度尼西亚、利比里亚、马来西亚、墨西哥、缅甸、尼日利亚、巴布亚新几内亚、菲律宾、斯里兰卡、泰国、越南。此外沿着南纬 10 度、北纬 15 度之间的范围查看，确认该范围内国家的纬度位置以及结合中国热带农业科学院天然橡胶领域研究专家的境外考察、调研，亚洲的老挝、尼泊尔、东帝汶，非洲的索马里、埃塞俄比亚、赞比亚、坦桑尼亚、赤道几内亚、南苏丹、乌干达、塞内加尔、几内亚比绍、布基纳法索、乍得、马里、冈比亚、多哥、贝宁等以及美洲的尼加拉瓜、哥斯达黎加、巴拿马、洪都拉斯、伯利兹、萨尔瓦多、委内瑞拉、秘鲁、圭亚那、苏里南、法属圭亚那、特立尼达和多巴哥等国家或地区均有天然橡胶生产，全球能够种植橡胶树的国家或地区约 60 个。

三、天然橡胶供需比较

（一）天然橡胶生产供给的影响因素

1. 自然因素

前面已经提到，橡胶树是典型的热带作物，其生长区域受到一定的自然条件的限制。不耐寒，气温低于 5℃时，就会发生冻害；对风的适应能力也差，不抗台风；栽植 6～8 年之后才可以割取胶液，实生树的经济寿命可以达到 35～40 年，芽接树的经济寿命可以达到 15～20 年。东南亚国家橡胶树适宜割胶的时间长达 280～320 天，中国割胶时间相对较短。自然灾害中的台风、热带风暴、霜冻、低温寒害、干旱和病虫害等，均是影响天然橡胶供给的自然因素。

2. 技术因素

科学技术是第一生产力，天然橡胶生产国协会中的泰国、印度尼西亚、马来西亚、越南、斯里兰卡、印度等国家以及非洲都成立专门橡胶研究机构，天然橡胶研究成果积累非常多，在支撑区域乃至全球天然橡胶产业发展上发挥了重要作用。中国也有天然橡胶研究机构，国家级、省级层面的研究机构均有。中国经过三代植胶人 60 多年的艰苦努力，打破国外近百年来所谓北纬 15 度以北是巴西三叶橡胶树种植"禁区"的定论，成功地在北纬 18～24 度大面积种植橡胶树，并且在品种选育和引进推广优良品种、改革割胶制度、病虫害防治、胶园更新、智能割胶器具研发等方面取得巨大成就，天然橡胶产业科技创新走在世界前列。

3. 价格因素

天然橡胶市场价格的高低，直接影响胶农割胶和加工企业收购胶水的积极性。当天然橡胶价格高涨时，胶农生产积极性非常高，往往采取增加种植面积、引进高产抗逆新品种、加强胶园管护、增施肥料等措施来提高胶水产量；而当天然橡胶价格低迷时，胶农往往放弃割胶、放弃胶园管理而外出务工，甚至将胶园砍伐后改种其他经济效益明显的热带作物。

4. 成本因素

生产成本也是影响天然橡胶供给的重要因素。种植橡胶树的利润是由市场价格和生产成本决定的，在市场价格一定时，如果生产成本越高，那利润越低，利润低，胶农即会减少橡胶树的生产投入，生产投入一减少，胶水的产量也就随之降低。东南亚是天然橡胶生产的优势区域，土地面积广，橡胶树种植规模化程度高，劳动力工资水平低，因此东南亚天然橡胶生产成本远远低于中国。在当今天然橡胶市场价格低迷的情况下，东南亚国家天然橡胶生产尚有微利，而中国天然橡胶生产成本已经高于当前市场价格，大片胶园弃割弃管，产业发展举步维艰。

5. 政策因素

农业相对来说是弱质产业，各国政府在不同时期均出台一系列保护、扶持、鼓励和发展农业的政策，对于天然橡胶产业也是这样，天然橡胶主产国对天然橡胶的生产、销售也采取一系列的保护和支持政策，例如增加投资、实行补贴、限制出口、最低保护价收购等，通过政府的手来弥补市场失灵。中国也通过天然橡胶良种补贴、橡胶树风灾保险、天然橡胶价格保险以及收储等政策手段来推动天然橡胶产业的持续健康发展，以确保天然橡胶稳定安全供给。

6. 其他因素

影响天然橡胶供给的其他因素有相关农产品的价格，例如棕榈油、热带水果、咖啡、可可等热带农产品价格上涨时，如果种植橡胶树的比较效益低于这些热带作物，农民将会减少橡胶树的种植，而改种这些作物。此外石油的价格，也是影响天然橡胶供给的一个重要因素，石油价格低时，生产合成橡胶的成本也跟着走低，这样作为替代品的天然橡胶需求也会降低。

（二）供需关系

2000—2020 年，全球天然橡胶产量从 676.20 万吨增长到 1 294.50 万吨，年均增长率为 3.30%。在此期间，全球天然橡胶生产一直保持增长趋势，2019 年全球经济低迷、2020 年席卷全球的新冠肺炎疫情导致天然橡胶产量下降。虽然科特迪瓦、越南、柬埔寨等新兴产胶国天然橡胶产量一直保持强劲的增长趋势，但是其他一些主产国产量下降明显，导致全球产量下降。

2000—2020 年，全球天然橡胶消费量从 707.00 万吨增长到 1 270.20 万吨，年均增长率为 2.97%。2000 年前，欧盟是全球天然橡胶的主要消费经济体，其次是美国、中国、日本和印度；2001 年中国天然橡胶消费量超越美国，成为全球最大的天然橡胶消费国，一直至今。虽然泰国、印度、马来西亚、越南等国家天然橡胶消费量也在增长，但是与中国的差距还相当大。

近年来，天然橡胶供需基本平衡（表 1-1），从表中可以看出，十年中仅 2014 年、2016 年产量略小于消费量，其余年份均是产量大于消费量。2020 年受席卷全球的新冠肺炎疫情影响，天然橡胶下游企业开工不足，劳动力流动受限，运输贸易通道受阻，全球天然橡胶消费量下降，为 1 270.20 万吨。

表 1-1   2011—2020 年世界天然橡胶的生产与消费情况

单位：万吨

年份	2011	2012	2013	2014	2015	2016	2017	2018	2019	2020
产　量	1 123.90	1 165.80	1 228.20	1 214.00	1 226.20	1 259.80	1 354.00	1 390.50	1 370.10	1 294.50
消费量	1 103.40	1 104.60	1 143.00	1 219.20	1 214.00	1 268.50	1 321.70	1 376.70	1 364.00	1 270.20

数据来源：国际橡胶研究组织（IRSG）. 统计报告. http：//www. rubberstudy. org/reports. 如无特别说明，本报告数据均来自此处。

从 2020 年生产与消费的月度数据来看，全年月度产量较 2019 年各月下降明显，而消费量上半年呈现出明显下降趋势，一直到下半年，特别是从 9 月开始，在全球新冠肺炎疫情相对好转的前提下，天然橡胶月度消费量才扭转下降的趋势，出现同比增长，但是全年的消费量较 2019 年下降非常明显，表 1-2 列出了 2018—2020 年世界天然橡胶产量、消费量月度数据。从表 1-2 可以看出，每年的 3、4 月份是全球天然橡胶生产的淡季，主要是在这个时间段停割的国家相对较多，而 2 月份是消费的一个淡季，主要是因为中国作为世界消费大国，这个时间段一般是春节期间，轮胎厂放假，企业开工不足。

表 1-2 2018—2020 年世界天然橡胶产量、消费量月度数据

单位：万吨

月份	2018 年		2019 年		2020 年	
	产量	消费量	产量	消费量	产量	消费量
1 月	115.8	113.6	119.9	118.3	118.3	103.8
2 月	101.8	103.5	103.9	101.8	103.6	77.4
3 月	99.4	120.6	96.1	119.4	87.5	112.1
4 月	98.8	115.9	92.3	118.3	79.9	95.7
5 月	110.5	118.3	105.7	116.3	89.2	96.9
6 月	111.3	117.3	104.6	115.3	95.9	104.0
7 月	116.9	113.3	115.2	112.4	108.7	103.7
8 月	127.4	114.2	123.4	111.7	113.8	105.6
9 月	128.1	114.2	126.0	111.3	120.2	115.8
10 月	127.9	118.9	129.7	112.2	128.3	117.4
11 月	126.3	116.1	126.7	117.1	124.5	119.5
12 月	124.6	110.4	126.6	109.8	124.7	118.4

四、天然橡胶生产与消费的分布

天然橡胶生产与消费主要集中在亚太地区①，大都是发展中国家，根据国际橡胶研究组织（IRSG）统计，2020 年世界天然橡胶产量为 1 294.50 万吨，其中亚太地区产量为 1 137.29 万吨，占世界总产量的 87.86%；其次欧洲、中东和非洲产量为 122.27 万吨，占世界总产量的 9.45%；再次美洲产量为 35 万吨，占世界总产量的 2.70%（表 1-3）。

---

① 亚太地区（Asia & Pacific），是指亚洲地区和太平洋沿岸地区的简称。具体包括文莱、柬埔寨、印度尼西亚、日本、朝鲜、韩国、老挝、马来西亚、马绍尔群岛、密克罗尼西亚联邦、瑙鲁、新西兰、澳大利亚、帕劳、巴布亚新几内亚、菲律宾、萨摩亚、新加坡、所罗门群岛、泰国、东帝汶、汤加、图瓦卢、瓦努阿图、越南、中国、蒙古。

表1-3 2011—2020年世界天然橡胶分区域产量数据

单位：万吨

年份	2011	2012	2013	2014	2015	2016	2017	2018	2019	2020
亚太地区	1 046.40	1 085.00	1 141.60	1 124.20	1 134.00	1 155.90	1 234.50	1 266.60	1 225.50	1 137.30
欧洲、中东和非洲	47.10	49.70	53.90	56.30	59.40	71.90	86.60	90.40	110.50	122.30
美洲	30.30	31.20	32.60	33.50	32.70	32.00	32.90	33.50	34.10	35.00
世界	1 123.90	1 165.80	1 228.20	1 214.00	1 226.20	1 259.80	1 354.00	1 390.50	1 370.10	1 294.50

世界天然橡胶消费也是呈现增长趋势，只是个别年份受特殊事件影响有所下降。天然橡胶由于其良好的工艺性能，有超过60%的天然橡胶用于轮胎生产，30%的天然橡胶用于传输带和桥梁承重垫等工业制品、医疗卫生用品、文体用品等产品的生产，10%的天然橡胶用于胶鞋、鞋底、床垫等生活用品生产。世界天然橡胶年消费量从1960年的200万吨增长至2020年的1 270.2万吨，消费量年均增长率达到3.13%。2020年世界天然橡胶消费量中，亚太地区消费量为974.4万吨，占世界消费总量的76.71%；欧洲、中东和非洲消费量为152.30万吨，占世界消费总量的11.99%；美洲消费量为143.54万吨，占世界消费总量的11.30%（表1-4）。

表1-4 2011—2020年世界天然橡胶分区域消费量数据

单位：万吨

年份	2011	2012	2013	2014	2015	2016	2017	2018	2019	2020
亚太地区	759.20	789.30	827.10	892.70	884.20	934.80	977.60	1 023.90	1 018.10	974.40
欧洲、中东和非洲	166.90	148.30	148.50	155.30	159.70	164.50	173.10	177.10	171.70	152.30
美洲	177.30	167.00	167.40	170.30	169.40	168.60	170.50	175.60	173.90	143.50
世界	1 103.40	1 104.60	1 143.00	1 219.20	1 214.00	1 268.50	1 321.70	1 376.70	1 364.00	1 270.20

第二章 各区域天然橡胶生产与消费

自 1876 年英国人魏克汉（H. Wickhan）从巴西将 7 万颗橡胶树种子悄悄地运出送往英国伦敦皇家植物园邱园（Kew Garden）繁殖，培育成幼苗，之后英国人将幼苗送往斯里兰卡和马来西亚等国家，逐渐繁衍成为成片的橡胶林，并且一步步扩散到周边的国家，世界天然橡胶种植已经有 140 余年历史。橡胶生产地域基本上分布在南纬 10 度至北纬 15 度之间范围内，即亚洲、非洲、大洋洲和拉丁美洲 60 多个国家和地区。亚太地区是天然橡胶生产的主要区域，年天然橡胶产量占到世界总产量的 90％以上，该区域天然橡胶产量的走势基本决定了世界天然橡胶产量的走势。

全世界天然橡胶的消费也主要集中在亚太地区，而这些地区也是主要的天然橡胶生产区域，该区域中部分国家既是出口大国，也是进口大国。亚太地区大多数是发展中国家，随着工业化进程加快以及汽车制造行业逐步发展，世界对天然橡胶的需求量呈现出日益增加的趋势，再加上橡胶胶乳制品，例如橡胶手套、橡胶带等在这些区域均有大批量的生产，特别是 20 世纪 90 年代后，美、法、德、英、日本等工业发达国家将橡胶工业中劳动密集、环境污染大的产品和企业逐渐向劳动力充足、工资比较低廉的中国、泰国、印度尼西亚、越南和印度等国家转移，亚太地区逐渐成为世界天然橡胶消费集散地和橡胶工业加工中心。

一、亚太地区

（一）亚太地区的天然橡胶生产条件

亚太地区陆地面积大，纬度跨度广，在太阳辐射、大气环流和水文地文因素综合影响下，形成了复杂的气候。特别是东南亚区域，是亚洲纬度最低的区域，位于赤道附近，气候类型主要是两种：一种为热带雨林气候，其气候特征是全年高温多雨,太阳辐射强烈,年降水量在 2 000 毫米以上,包括马来半岛的南部和马来群岛的大部分地区。另一种为热带季风气候,终年高温,一年之中有明显的干湿两季,包括中南半岛的大部及南纬 5 度以南的许多岛屿。北纬 5 度以北 5—10 月为雨季,盛行西南季风,11 月至翌年 4 月为干季,盛行东北风,在南纬 5 度以南的地区干、湿季交替正好相反。热带季风气候的年平均降水量大多在 1 000 毫米以上,迎风坡可达 5 000 毫米,由于东南亚的热带湿润气候,非常适宜于橡胶树的生长;同时该地区土地面积广、人口密度低,劳动力资源较丰富,适宜发展天然橡胶种植这种劳动密集型产业。亚太地区长时间种植橡胶树,积累了丰富的种植经验,当地人民也有种植橡胶树的传统习惯,目前已经成为橡胶树种植的优先区域。

(二)亚太地区的天然橡胶生产与消费

亚太地区天然橡胶产业在世界天然橡胶产业中占有重要地位,主要生产国有孟加拉国、柬埔寨、中国、印度、印度尼西亚、老挝、马来西亚、缅甸、巴布亚新几内亚、菲律宾、斯里兰卡、泰国和越南等。据初步统计,2020 年亚太地区天然橡胶产量 1 137.30 万吨,占世界天然橡胶产量的87.86%。泰国、印度尼西亚、马来西亚和越南组成的国际橡胶联盟,长期垄断了国际天然橡胶的市场供应,并且左右国际市场上天然橡胶价格的走向。

亚太地区也是天然橡胶消费的主要区域,随着亚洲各国积极推进工业化,中下游橡胶加工业得到一定程度的发展,特别是近些年来,马来西亚、泰国、印度尼西亚等国为促进橡胶工业的发展,纷纷出台措施以限制天然橡胶的出口,有计划地增加天然橡胶消费量。2020 年亚太地区天然橡胶消费量占全球天然橡胶消费量的 76.71%,达 974.4 万吨,2011—2020 年亚太地区天然橡胶产量、消费量数据见表 2-1。

表 2-1 亚太地区天然橡胶产量、消费量数据

单位:万吨

年份	2011	2012	2013	2014	2015	2016	2017	2018	2019	2020
产量	1 046.40	1 085.00	1 141.60	1 124.20	1 134.00	1 155.90	1 234.50	1 266.60	1 225.50	1 137.30
消费量	759.20	789.30	827.10	892.70	884.20	934.80	977.60	1 023.90	1 018.10	974.40

二、欧洲、中东和非洲地区

欧洲、中东和非洲地区中，欧洲和中东的国家均不具备种植橡胶树的气候条件（部分欧洲国家海外省份除外），该区域仅非洲适宜种植橡胶树。

（一）非洲的天然橡胶生产条件

非洲是世界上第二大天然橡胶生产区域，部分国家是热带雨林气候，全年高温，降水量大，雨季长，拥有适合种植橡胶树的气候优势，同时也具有广阔的土地资源、大量的廉价劳动力，但是很多土地资源都没有被开发利用，具有巨大的天然橡胶生产潜力。非洲橡胶种植区，历史上属于欧洲的殖民地或属地，因此天然橡胶生产一直得到欧洲的支持，例如在种植上可以按面积得到欧盟的资金补贴，天然橡胶出口贸易上则优先享受配额等。相对于亚太地区橡胶种植区域先进的生产技术和集约化、规模化的种植水平，非洲天然橡胶产区橡胶生产较为分散，种植技术不是很高，但长期以来得到欧盟的支持与保护，天然橡胶产业发展相对平稳。

（二）非洲的天然橡胶生产与消费

非洲多数国家经济发展落后，橡胶树种植起步较晚，20 世纪 40 年代才开始大规模种植，大都是依靠国外投资发展起来的，主要生产天然橡胶的国家有喀麦隆、科特迪瓦、刚果民主共和国、加蓬、加纳、几内亚、利比里亚、尼日利亚等。50 年代种植面积占世界的 6％，60 年代种植面积超过 30 万公顷，90 年代超过 50 万公顷，但 2000 年后，受战争和不稳定政局的影响，天然橡胶种植业发展缓慢，2019 年，据联合国粮农组织统计，非洲天然橡胶收获面积 99.65 万公顷，大约占世界天然橡胶收获面积的 8％。近年来，天然橡胶产业发展相对较快，特别是科特迪瓦天然橡胶产业发展迅速，一跃成为非洲第一大天然橡胶生产国。2020 年非洲天然橡胶产量达 122.27 万吨，约占世界天然橡胶产量的 9.45％。

（三）欧洲、中东和非洲地区天然橡胶的消费

该区域天然橡胶的消费主要集中在欧洲，特别是欧盟 27 国天然橡胶消费量较大。中东地区天然橡胶的消费主要集中在埃及、伊朗、以色列、土耳其 4 国；非洲国家（除埃及外）天然橡胶消费能力较弱，天然橡胶消费量较少，生产的天然橡胶 95％以上是出口，近年来，整个非洲天然橡胶消费量在 6 万～8 万吨，其中南非天然橡胶的消费量就占到整个非洲天然橡胶消费量的一半以上，在 4 万～5 万吨，表 2-2 列举了该区域天然橡胶产量、消费量数据。

表 2-2　欧洲、中东和非洲地区天然橡胶产量、消费量数据

单位：万吨

年份	2011	2012	2013	2014	2015	2016	2017	2018	2019	2020
产量	47.14	49.65	53.92	56.30	59.40	71.90	86.60	90.40	110.50	122.30
消费量	166.91	148.29	148.53	155.30	159.67	164.45	173.06	177.07	171.66	152.30

三、美洲地区

（一）美洲的天然橡胶生产条件

南美洲是天然橡胶的故乡，巴西是橡胶树的原产地。南美洲特殊的热带雨林气候是种植橡胶树的最佳地理位置，拥有多种气候类型，其中热带气候类型区约占全州总面积的三分之二。亚马逊平原是世界面积最广的赤道多雨气候区，且其热带湿润气候特点表现得最充分、最典型；奥利诺克平原、圭亚那高原和巴西高原大部分为热带干湿季气候，其占大陆面积比率之大和绝对面积之广均列各洲首位，大陆西岸的热带干旱气候区，面积虽狭小，但北端几乎靠近赤道，南北纬度延伸达 27 度，在各大洲西岸同类气候区中显示了南美洲的独特性。特别是中美和南美北部区域主要属热带气候，有广大的热带雨林，种植橡胶树历史悠久，是重要的传统天然橡胶产区，适合发展天然橡胶产业，天然橡胶单位面积产量相对较高，在 19 世纪 90 年代以前，该区域还是世界第一大天然橡胶产区，直到 20 世纪才被东南亚产胶区所取代。

（二）美洲的天然橡胶生产与消费

该区域橡胶种植区主要包括厄瓜多尔、哥伦比亚、委内瑞拉、秘鲁、巴西、智利、洪都拉斯、玻利维亚、圭亚那、苏里南等国家。19世纪末，世界天然橡胶的消费市场主要是靠美洲供给，自20世纪初，世界许多资本主义国家大规模扩种橡胶，并开始瓜分美洲的橡胶市场，在世界性的激烈竞争面前，美洲主要生产国巴西政府没有采取有力措施，资金无保障，没有健全的生产管理机构，缺乏财政和技术的支持，加之橡胶树南美叶疫病泛滥，结果导致大片胶园荒废，橡胶生产开始下滑，目前整个美洲天然橡胶的产量维持在30万～35万吨。

美洲天然橡胶的消费量与欧洲、中东、非洲区域相差不大，有些年份美洲天然橡胶的消费量超过欧洲、中东、非洲区域，有些年份欧洲、中东和非洲区域天然橡胶的消费量超过美洲，大多年份美洲天然橡胶消费量维持在170万吨左右，2020年受新冠肺炎疫情影响，轮胎厂开工不足，天然橡胶消费量下降到143.54万吨，主要消费国有美国、巴西和加拿大。美国天然橡胶消费量仅次于中国、印度，排世界第三位，美国天然橡胶的消费量占美洲消费量的55%左右，巴西的消费量增长也相对较快，其消费量占美洲消费量的20%～25%，加拿大的消费量呈现下降趋势，但也占美洲消费量的8%左右。表2-3列举了该区域天然橡胶产量、消费量数据。

表2-3 美洲地区天然橡胶产量、消费量数据

单位：万吨

年份	2011	2012	2013	2014	2015	2016	2017	2018	2019	2020
产量	30.30	31.20	32.60	33.50	32.70	32.00	32.90	33.50	34.10	35.00
消费量	177.30	167.00	167.40	170.30	169.40	168.60	170.50	175.60	173.90	143.50

第三章 亚太地区天然橡胶
生产消费重点国家

一、亚太地区天然橡胶生产国

亚太地区按 2020 年国际橡胶研究组织监测的产量排名，主要生产国依次是泰国、印度尼西亚、越南、中国、马来西亚、印度、缅甸、柬埔寨、菲律宾、斯里兰卡、老挝、孟加拉国和巴布亚新几内亚。

（一）泰国

1. 橡胶树分布及开割情况

1899 年，旅泰华人许心美从马来西亚引进了第一批橡胶树苗，在泰南的董里府开始试种。目前泰国南部已经成为天然橡胶的主产区，按照天然橡胶产量来分，泰国南部主产区八个省（府）天然橡胶产量由高到低依次是：素呖府、宋卡府、洛坤府、董里府、惹拉府、陶公府、攀牙府和甲米府。这八个省（府）生产了泰国 70% 的天然橡胶，剩下的 30% 则由泰国中部、东部、东北部和北部生产。

1991 年泰国成为世界第一大天然橡胶生产国，其天然橡胶产业发展的历程可以分为五个阶段：即泰国橡胶种植和推广期（1899—1933 年）、橡胶种植销售管制时期（1934—1946 年）、橡胶加工厂的开办和繁荣期（1947—1968 年）、橡胶集中买卖期（1969—1990 年）、现代橡胶交易市场的建立（1991 年至今）。

截至 2020 年底，泰国橡胶树种植面积为 351.2 万公顷，已开割的面积为 339.3 万公顷，开割率为 96.61%。2011—2020 年泰国橡胶树开割面积、总面积如表 3-1 所示。

表 3-1　2011—2020 年泰国橡胶树开割面积、总面积数据

单位：万公顷

年份	2011	2012	2013	2014	2015	2016	2017	2018	2019	2020
开割面积	233.40	267.40	278.20	290.50	294.80	295.50	307.90	322.70	327.70	339.30
总面积	320.50	337.40	355.40	365.90	370.30	367.00	363.40	359.90	355.10	351.20

数据来源：天然橡胶生产国协会（ANRPC）统计资料。

2. 泰国橡胶种植园的分类

泰国天然橡胶割胶季节为每年的 5 月至次年的 1 月，其中 11 月至次年的 1 月的胶乳产量最高，2 月至 4 月为休养橡胶树的停割期。

泰国橡胶园按照种植规模可以分为以下三类：

（1）小型橡胶种植园：种植面积在 8 公顷以下。

（2）中型橡胶种植园：种植面积在 8～40 公顷。

（3）大型橡胶种植园：种植面积大于 40 公顷。

泰国橡胶园的主要栽培品系分为三类，生产高乳胶的橡胶品种，胶木兼优品种及高材积的橡胶品种，以供农民选择种植。

第一组：乳胶产量高，适合收集乳胶产品的种植园。

主要品系有：RRIT251，RRIT226，BPM24，RRIM600，RRIT209，RRIT214，RRIT218，RRIT225，RRIT250，RRIT319，RRIT405，RRIT406，RRIC100，RRIC101，PR302，PR305，海垦 2。

第二组：胶木兼优材品种，乳胶产量高，生长良好，树干较直，材积高。

主要品系：PB235，PB255，PB260，PRIC110，RRIT312，RRIT325，RRIT404，RRIT407，RRIT409，RRIC121。

第三组：高产木材品系，树体增长快，直干式风格，材积高，但乳胶产量低于第一组和第二组，适合以木材生产为主的种植园。

主要品系：RRIT402，AVROS2037，BPM1，RRIT401，RRIT403，RRII118，RRII203。

3. 泰国天然橡胶产业发展的支撑部门

泰国天然橡胶产业发展的支撑部门可以分为：泰国政府支持部门、私人部门和国际合作组织三个部分。

(1) 政府支持部门

泰国的国家橡胶研究院（Rubber Research Institute of Thailand，RRIT）是隶属于泰国国家农业与合作部的橡胶产业研究部门，主要从事橡胶育种、种植和管理方面的研究。泰国国家农业与合作部下面还有另外一个非盈利性机构"泰国天然橡胶再垦扶持基金办公室（Office of the Rubber Replanting Aid Fund，ORRAF）"。它的主要作用为协调和帮助农民在橡胶园再垦过程中使用更好的橡胶树品种；帮助农民在橡胶中央市场交易之时有更好的市场议价权；帮助农民建立天然橡胶加工作坊，特别是烟胶片的制作；在橡胶价格低迷的时候给农民相应的补助，帮助其渡过难关和保持橡胶种植和收割的积极性。ORRAF宗旨在于帮助泰国农民在全球天然橡胶市场中获得更好的经济收益。

(2) 私人部门

这里说的私人部门是指独立于泰国政府管辖之外的协会。其中最重要的组织为泰国橡胶协会（The Thai Rubber Association），该协会主要负责天然橡胶产业链中下游之间的厂家、生产商和泰国政府部门的对接，以及天然橡胶国际市场的参与。协会的成员主要是天然橡胶产业链中的中下游企业。

(3) 国际合作组织

泰国也依靠国际组织使得该国天然橡胶产品远销他国。

三国橡胶理事会（International Tripartite Rubber Council，ITRC），成立于2001年末，是泰国、马来西亚和印度尼西亚共同成立的，负责监督和协调理事会成员国之间天然橡胶供应管理和出口等工作。

国际橡胶联盟（International Rubber Consortium Limited，IRCo），成立于2004年，总部设于泰国的橡胶研究所内，也是由泰国、马来西亚和印度尼西亚三个国家组成，泰国在联盟内的席位较多，它的主要工作是维护和稳定天然橡胶的价格。

天然橡胶生产国协会（The Association of Natural Rubber Producing Countries，ANRPC），成员国包括中国、柬埔寨、印度尼西亚、印度、马来西亚、巴布亚新几内亚、菲律宾、新加坡、斯里兰卡、泰国、越南、孟加拉和缅甸等国家，总部设在马来西亚吉隆坡。该协会的工作主要包括协调会员和橡胶生产国之间的橡胶产品贸易、相关政策制定，以及制定、稳固天然橡胶价格等。

国际橡胶研究组织（International Rubber Study Group，IRSG），成立于 1944 年，总部位于新加坡，是一个包括橡胶生产国和消费国在内的政府间组织。该组织旨在建立一个商讨天然橡胶和合成橡胶供应和需求等方面问题的平台，为橡胶产业提供包括天然橡胶及橡胶产品生产、消费和贸易等方面的权威数据统计和分析。秘书处的职责是统计当前橡胶生产、消费和贸易数据，分析未来橡胶产业的供求趋势，为橡胶从业人员提供服务。IRSG 面向各个政府招纳会员。目前，由 16 个国家组成：比利时、喀麦隆、科特迪瓦、法国、德国、印度、意大利、日本、马来西亚、尼日利亚、俄罗斯、西班牙、新加坡、斯里兰卡、泰国和美国。该组织旨在提高世界橡胶市场的透明度，加强橡胶问题的国际合作，促成行业之间更好地互动并实现双赢。组织成员为组织提供利于资金高效利用的有价值的信息。其成员包括主要的天然橡胶生产国组织，主要合成橡胶生产商、贸易商，世界最大的轮胎及其他橡胶产品制造商，以及领先的橡胶产业顾问。

国际橡胶研究与发展委员会（International Rubber Research and Development Board，IRRDB），成立于 1960 年，由成立于 1937 年的国际橡胶研究委员会（International Rubber Research Board，IRRB）与国际橡胶发展委员会（International Rubber Development Committee，IRDC）合并而成，是目前最重要的天然橡胶科技专业国际组织。它是一个关于天然橡胶生产研究与发展的组织，委员会成员基本包括所有天然橡胶生产国的研究机构，覆盖世界上大约 95% 的天然橡胶生产。中国在 1980 年以第 13 个成员国的身份加入 IRRDB，IRRDB 现有成员国 19 个，分别是中国、巴西、加蓬、法国、柬埔寨、科特迪瓦、喀麦隆、墨西哥、尼日利亚、菲律宾、马来西亚、斯里兰卡、泰国、印度、印度尼西亚、越南、缅甸、危地马拉和埃塞俄比亚，现任主席为中国热带农业科学院橡胶研究所的周建南研究员。这些组织之间的相互合作，使其具有 3 个方面的优势：①在一个灵活而谨慎的信息平台上加强联系；②共享各成员的经验，共同应对出现的问题；③避免重复工作，集中成员的经济资源来解决对于某一个成员来说无法应对的研究活动。该组织的创立可以追溯到 1934 年，当时成立的国际橡胶管理委员会是为了保护天然橡胶生产者免受 30 年代中期极低的价格影响，同时为了管理生产和出口需求相匹配。该委员会也意识到战略性研究和发展的重要性，因此，于 1937 年创立了国际橡胶研究委员会和国际橡胶发展委员会来研究新产品的商业运作。如今，该委员会的工作已经涵盖了从巴西三叶橡胶树种植到新产品研发的所有关于天然橡胶的领域。

（4）泰国泰华树胶（大众）有限公司

泰国泰华树胶（大众）有限公司创立于 1985 年，已成为泰国最大的天然橡胶生产商和加工商之一，"泰华树胶"现已成为世界驰名品牌。泰华树胶（大众）有限公司总部设在曼谷，拥有遍及全国的 18 家工厂，在中国上海设立销售办事处，员工总数达 4 000 人。总公司现拥有 10 家橡胶产品分厂和 7 家与外商合资的橡胶加工厂（公司的所有分厂均已取得 ISO9002 认证），其主要市场在中国、日本、美国和欧洲国家，拥有包括固特异、米其林和普利司通等世界著名轮胎厂的广大客户。泰华树胶（大众）有限公司主要经营各种型号泰国及越南生产的天然橡胶：烟胶片（RSS1，RSS3），标准胶（STR 20、STR 5L、SVR 3L），乳胶（LATEX 60% "三棵树"牌），方块胶（SKIM BLOCK）。2016 年广东省广垦橡胶集团有限公司收购泰国泰华树胶（大众）有限公司 59.73% 的股权。

（5）泰国诗董橡胶股份有限公司（以下简称"诗董公司"）

泰国诗董橡胶股份有限公司创建于 1987 年，注册资金为 3 865 万美元，是一家在泰国及新加坡证券交易所上市的公司，公司拥有总员工超过 1.1 万余名，以天然橡胶为主要业务。公司是泰国天然橡胶产业的主导企业，是全球最大的生产及销售天然橡胶的公司之一。2014 年开始诗董公司在泰国的 17 个府种植橡胶树，面积超过 6 100 公顷，并且拥有 83 个原材料采购中心，天然橡胶年生产能力达到 140 万吨。2021 年的投资预算达 9 亿泰铢，部分资金将用于提升浓缩乳胶产能，满足橡胶手套持续增长的生产需求，目标是在 3 年内把浓缩乳胶年产能提升至 11 万吨。

4. 泰国天然橡胶产量、消费量、出口量和进口量

（1）泰国天然橡胶产品分类

烟胶片（Ribbed Smoked Sheet，RSS）：乳胶收获后经过化学凝聚成片状，滚压并晾干后用树烟熏干，获得烟胶片。烟胶片总共有 7 个等级，包括特级、一级、二级、三级、四级和五级，达不到五级的列为等外胶。按照国际标准，依照外观上的斑点、杂质和气泡，化学成分中的灰分、水分、水溶物、蛋白质、丙酮抽出物，和物理机械性能如拉伸强度、老化系数和伸长率等来划分等级。特级最高，等外胶级别最低。泰国烟胶片在国际市场上一直有比较好的出口优势，但是因为标准胶的运输和生产成本较低，现在泰国正在花大力从烟胶片生产转向标准胶生产。

标准胶（Technically Specified Rubber，TSR）：也称为颗粒胶，按照国际统一的理化指标来分级，这些指标包括杂质含量、塑性保持率、氮含量、挥发物含量、灰分含量以及色泽等7项指标。总共划分为5个等级：5L、5、10、20以及50。标准胶是目前生产轮胎类橡胶产品的主要材料。

皱胶片（Crepe Rubber）：用胶乳凝块或者杂胶为原料，经过洗涤、压炼成表面有皱纹、经自然风干或者热风干燥而制成的橡胶产品。以胶乳为原料加工制成的皱片胶称为胶乳皱片胶（Latex Crepe）。选用白色胶乳式经漂白制成的皱胶片称为白皱胶片（White Crepe），比白皱胶片暗一些的称为浅色白皱胶片（Pale Crepe）。

风干胶（Air Dried Sheet，ADS）：制作方式和烟胶片类似，不同之处在于风干胶主要是在无烟的空气中进行干燥（50～60℃的干燥房中）。风干胶是专门为制造清洁、浅色的橡胶制品备制的，质量较好。

浓缩胶乳（Concentrated Latex）：将新鲜的乳胶通过离心法、膏化法或者蒸发法制得。新鲜乳胶的橡胶干含量小于40%，一般为25%～35%。而浓缩胶乳的橡胶干含量一般为60%～65%。浓缩胶乳主要用于制作医用橡胶手套、安全套等。

（2）国内市场价格

天然橡胶产业在泰国经济发展中具有重要地位，是农民收入的重要来源。天然橡胶作为泰国的大宗农产品，其国内市场价格与国际市场完全接轨。国际市场天然橡胶的供给、需求、库存以及主要产消国的经济变化、期货市场波动和汽车轮胎工业变化等因素都会对天然橡胶价格带来影响。天然橡胶价格对泰国胶农来说非常重要，直接影响泰国胶农的收入和生活水平。表3-2展示了泰国天然橡胶在曼谷和宋卡两个城市的FOB价格趋势，可以看出2001—2008年天然橡胶价格呈现稳步上升的状态，2008年美国金融危机后，世界经济进入大调整使得2009年的价格大幅度下降。后经过经济恢复，全球经济取得一定的发展，天然橡胶市场价格上涨到 2011 年，此后天然橡胶市场价格一路走低，至今都未恢复到 2011 年的价格水平。

表 3-2　2001—2020 年泰国天然橡胶曼谷和宋卡的 FOB 价格

单位：泰铢/千克

年份	曼谷 FOB 价格				宋卡 FOB 价格			
	RSS3	STR 5L	STR20	LATEX60%	RSS3	STR 5L	STR20	LATEX60%
2001	25.35	26.44	23.95	20.84	25.10	26.19	23.70	20.59
2002	32.70	34.89	32.39	25.75	32.45	34.64	32.14	25.50
2003	44.45	44.52	42.02	35.28	44.20	44.27	41.77	35.03
2004	51.73	52.05	49.27	39.99	51.48	51.80	49.02	39.74
2005	60.16	59.67	56.50	44.86	59.91	59.42	56.25	44.61
2006	79.79	78.63	75.63	57.12	79.54	78.38	75.38	56.87
2007	78.51	78.12	75.12	53.10	78.26	77.87	74.87	52.85
2008	87.06	88.08	85.08	58.02	86.81	87.83	84.83	57.77
2009	66.27	66.67	63.67	47.85	66.02	66.42	63.42	47.60
2010	115.54	111.87	108.87	74.83	115.29	111.62	108.62	74.58
2011	148.32	144.60	141.60	93.80	148.07	144.35	141.35	93.55
2012	106.27	102.98	99.98	68.72	106.02	102.73	99.73	68.47
2013	85.88	80.56	77.56	56.24	85.63	80.31	77.31	55.99
2014	63.90	59.14	56.14	44.61	63.65	58.89	55.89	44.36
2015	54.18	51.02	47.56	35.68	53.93	50.77	47.31	35.43
2016	58.23	58.11	49.25	37.59	57.98	57.86	49.00	37.34
2017	69.22	65.73	59.51	45.62	68.97	65.48	59.26	45.37
2018	50.74	51.00	44.94	35.33	50.49	50.75	44.69	35.08
2019	51.73	51.64	45.51	35.69	51.48	51.39	45.26	35.44
2020	54.52	52.74	42.89	36.93	54.27	52.49	42.64	36.68

资料来源：泰国橡胶协会. http://www.thainr.com.

（3）产量、消费量、出口量和进口量

2020 年泰国生产天然橡胶 450.60 万吨，产量占世界天然橡胶总产量的 34.81%；生产的天然橡胶约 20% 用于国内消费，其余供应国际市场。2019 年 4 月，泰国干旱，严重影响橡胶树的开割，产区干旱高温导致多数胶园推迟开割，胶水上市少；9 月印度尼西亚和马来西亚的种植园遭到真菌病袭击后，传播到泰国，严重影响了泰国那拉提瓦（Narathiwat）、也拉（Yala）、北大年（Pattani）和董里（Trang）四个省的橡胶种植园，面积超过 33 万莱，导致 2019 年泰国天然橡胶产量较 2018 年下降 4.77%。2020 年产量进一步下降主要是受新冠肺炎疫情影响导致割胶工作无法顺利开展、产区先后遭遇干旱、强降雨以及橡胶白粉病的暴发导致开割时间推迟等因素造成。2011—2020 年泰国天然橡胶产量、消费量、出口量和进口量数据如表 3-3 所示，2019—2020 年各月的产量、消费量、出口量、进口量如表 3-4 所示。

表 3-3　2011—2020 年泰国天然橡胶产量、消费量、出口量和进口量数据

单位：万吨

年份	产量	消费量	出口量	进口量
2011	356.9	48.7	298.18	0.44
2012	377.8	50.5	317.49	0.35
2013	417	52.1	375.17	0.13
2014	432.4	54.1	372.88	0.16
2015	447.33	60.06	377.55	0.27
2016	451.9	64.99	392.18	0.24
2017	477.5	68.53	442.68	0.28
2018	514.52	75.18	449.16	0.15
2019	490	80	396.24	0.29
2020	450.6	76.4	376.76	0.3

表 3-4　2019—2020 年泰国天然橡胶产量、消费量、出口量和进口量月度数据

单位：万吨

月份	产量		消费量		出口量		进口量	
	2019	2020	2019	2020	2019	2020	2019	2020
1 月	46.21	46.96	6.28	6.41	36.93	38.08	0.02	0.02
2 月	41.78	43.68	6.46	7.49	38.84	39.42	0.01	0.01
3 月	36.94	36.48	6.91	6.84	38.27	32.73	0.04	0.01
4 月	34.78	31.38	6.85	5.76	29.49	30.42	0.02	0.02
5 月	39.38	31.94	6.95	5.98	30.72	29.08	0.01	0.02
6 月	40.24	31.72	6.94	6.57	28.89	29.75	0.02	0.03

（续）

月份	产量		消费量		出口量		进口量	
	2019	2020	2019	2020	2019	2020	2019	2020
7月	38.74	33.65	6.66	6.33	29.82	26.81	0.09	0.03
8月	41.99	32.84	6.79	6.27	30.24	28.38	0.04	0.02
9月	42.42	38.25	6.73	6.39	27.07	25.63	0.01	0.03
10月	41.45	40.79	6.37	6.04	31.21	31.23	0.02	0.03
11月	41.06	39.79	6.55	6.20	36.36	31.75	0.01	0.01
12月	45.01	43.11	6.50	6.13	38.38	33.47	0.02	0.02

泰国加工出来的初级天然橡胶产品主要有：烟胶片、标准胶、胶乳等。其中烟胶片的出口占 40% 以上，标准胶的出口接近 40%，胶乳的出口约占 20%。出口的烟胶片中 RSS3 占到 80% 以上、标准胶中 STR20 占到 70% 以上。图 3-1 显示了 2011—2020 年泰国加工的初级天然橡胶产品情况。

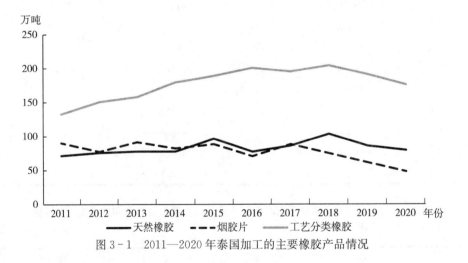

图 3-1　2011—2020 年泰国加工的主要橡胶产品情况

（二）印度尼西亚

1. 橡胶树分布及开割情况

印度尼西亚是典型的热带雨林气候，年平均温度 25～27℃，无四季区别，北部受北半球季风影响，7—9 月降水量丰富，南部受南半球季风影响，12 月、1 月、2 月降水量丰富，年降水量 1 600～2 200 毫米。天然橡胶产量仅次于泰国，种植面积居世界首位。印度尼西亚天然橡胶种植园分布在 26

个省区中，占全国省区数的 76.50%，主要分布在高温、多雨的苏门答腊岛和加里曼丹岛。南苏门答腊面积最大，占到全国 20% 以上，其次是北苏门答腊，占到全国 10% 以上。印度尼西亚一年均可以割胶，高产期为 4—7月，其他月份产量相对较低，初加工品中标准胶占比大是印度尼西亚天然橡胶生产最明显的特点。2011—2020 年印度尼西亚橡胶树开割面积、总面积如表 3-5 所示。

表 3-5　2011—2020 年印度尼西亚橡胶树开割面积、总面积

单位：万公顷

年份	2011	2012	2013	2014	2015	2016	2017	2018	2019	2020
开割面积	279.20	280.60	299.00	299.50	303.60	304.20	305.40	312.70	322.10	326.60
总面积	345.60	350.60	355.60	360.60	362.10	363.90	365.90	367.10	367.60	368.10

数据来源：天然橡胶生产国协会（ANRPC）统计资料。

2. 橡胶种植园的分类

印度尼西亚橡胶种植园分三种类型，即小农场主胶园（Smallholders）、国有种植园（Government Estates）和私人种植园（Private Estates）。其中小农场主胶园占据主要地位，种植面积占全国植胶面积的 80% 以上。2019年主要生产省区分类型胶园面积数据如表 3-6。

表 3-6　2019 年主要生产省区分类型胶园面积数据

单位：公顷

生产省（区）	国有种植园	私人种植园	小农场主胶园	总面积
南苏门答腊	9 568	35 990	812 420	857 978
北苏门答腊	35 387	80 003	286 687	402 077
占 碑	—	107	390 706	390 813
西加里曼丹	1 352	20 000	363 822	385 174
廖 内	7 533	975	320 109	328 618
中加里曼丹	2 932	1 300	285 760	289 992
南加里曼丹	8 538	12 554	179 261	200 353
楠 榜	16 692	19 284	133 759	169 735
西苏门答腊		—	130 763	130 763
明古鲁	6 730	12 294	83 322	102 346

数据来源：2019 年印度尼西亚橡胶统计年鉴。

3. 天然橡胶产业发展的支撑部门

（1）印度尼西亚橡胶研究所

印度尼西亚橡胶研究所负责全国橡胶产业科学研究与技术推广工作，在部分橡胶主产区设有研究中心、试验站。

（2）印度尼西亚橡胶协会

印度尼西亚橡胶协会主要负责印度尼西亚天然橡胶的销售，协会由橡胶种植者、加工商、贸易商和买方代表共同组成。

（3）印度尼西亚 PT. Kirana Megatara

PT. Kirana Megatara 是印度尼西亚最大的天然橡胶企业，旗下拥有 14 个橡胶加工厂、5 个橡胶种植企业，天然橡胶年产能为 72 万吨。公司的产品是标准胶，分为 10 号、20 号标准胶，主要用于生产轮胎，供应欧美市场，客户包括米其林、普利司通、优科豪马、固特异等，2017 年海垦控股集团收购了该公司 45％的股权。

印度尼西亚也是三国橡胶理事会、国际橡胶联盟、天然橡胶生产国协会、国际橡胶研究与发展委员会等国际组织的成员单位。

4 天然橡胶产量、消费量、出口量和进口量

印度尼西亚天然橡胶生产中标准胶独占鳌头，产量占天然橡胶总产量的 95％以上。印度尼西亚标准胶包含的型号主要有 SIR20♯，SIR10♯，3L，3CV 和少部分其他品种，其中 SIR20♯占标准胶总产量的 90％以上；其次是烟胶片，烟胶片有 RSS1♯、RSS2♯、RSS3♯、RSS4♯、RSS5♯，印度尼西亚烟胶片以 RSS1♯为主，占 80％以上；胶乳产量较少，年产量 5 000～10 000 吨。印度尼西亚本国的天然橡胶消费比率很低，约占总产量的 15％，其余的用于出口。出口的天然橡胶有三大品种：浓缩胶乳、烟胶片、标准胶，标准胶以 SIR20♯为主要的出口品种。2020 年印度尼西亚天然橡胶产量 280.01 万吨，占全球总产量的 21.63％。图 3-2 显示了 2011—2020 年印度尼西亚天然橡胶生产、消费、出口和进口的变化情况。从图 3-2 中可以看出，近 10 年来印度尼西亚天然橡胶产量、出口量变化步调基本一致，呈现先走高后下降的趋势，特别是 2020 年受新冠肺炎疫情的影响，产量、出口量均下降，而消费量和进口量年际间变化不是很大。表 3-7 列举了 2019—2020 年印度尼西亚天然橡胶产量、消费量、出口量和进口量的月度数据。

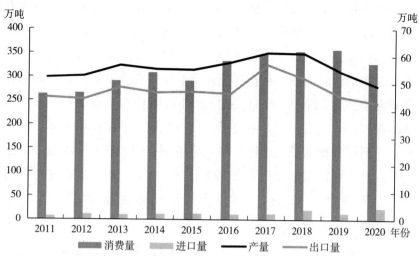

图 3-2 2011—2020 年印度尼西亚天然橡胶产量、消费量、出口量和进口量

表 3-7 **2019—2020 年印度尼西亚天然橡胶产量、**
消费量、出口量和进口量月度数据

单位：万吨

月份	产量		消费量		出口量		进口量	
	2019 年	2020 年	2019 年	2020 年	2019 年	2020 年	2019 年	2020 年
1 月	28.31	25.31	5.21	5.23	21.00	22.32	0.23	0.26
2 月	27.62	23.95	5.40	5.40	19.80	21.32	0.15	0.28
3 月	26.92	22.01	5.48	5.30	20.03	19.85	0.17	0.37
4 月	28.00	23.02	5.55	4.89	24.68	17.28	0.22	1.83
5 月	26.87	23.58	5.14	3.93	23.78	12.63	0.14	0.15
6 月	20.44	19.64	4.73	3.93	19.88	19.23	0.13	0.17
7 月	27.03	23.85	5.21	4.33	26.09	23.24	0.24	0.15
8 月	27.30	24.43	5.26	4.68	23.51	21.88	0.19	0.16
9 月	25.55	23.52	5.19	4.89	20.53	21.92	0.26	0.17
10 月	24.99	24.53	5.17	4.89	21.00	24.17	0.18	0.26
11 月	24.03	23.37	5.06	5.03	17.99	20.06	0.22	0.21
12 月	22.95	22.81	5.11	4.91	19.58	20.76	0.19	0.26

（三）越南

1. 橡胶树分布及开割情况

越南 1897 年开始引种橡胶树，1913 年法国殖民时期建立了专业的橡胶

研究院，指导越南橡胶栽培发展，但因历史原因未得到大发展。近年来越南成为迅速崛起的新兴天然橡胶生产国，橡胶树种植面积排名世界第四位，天然橡胶在其国民经济中占有重要地位，成为仅次于大米和木器的第三大农林出口产品。越南橡胶树主要种植在东南部及中西部高原地区，东南部种植面积占全省面积的55%以上，中西部高原种植面积占全省面积的25%以上。越南天然橡胶产业发展迅速，主要是因为可割胶面积增量明显，2011—2015年，橡胶树新增种植面积快速增长，对应可割胶面积亦上涨明显。根据胶龄分布情况，进入可割期和旺产期橡胶树占比突出。越南橡胶树的停割期为1—3月，高产期为7—10月，其余月份产量相对较低。2011—2020年越南橡胶树开割面积、总面积数据如表3-8所示。

表3-8 2011—2020年越南橡胶树开割面积、总面积数据

单位：万公顷

年份	2011	2012	2013	2014	2015	2016	2017	2018	2019	2020
开割面积	46.00	51.00	54.80	57.00	60.40	62.10	65.30	69.00	72.00	74.10
总面积	80.20	91.80	95.90	97.90	98.60	97.40	97.00	96.70	94.60	93.20

数据来源：天然橡胶生产国协会（ANRPC）统计资料。

2. 橡胶种植园的分类

越南橡胶生产有国营和私营两种经营模式，私营包括私营企业和小农户两种。私营胶园的面积占全国面积的60%左右，产量占全国产量的65%左右。例如2019年越南私营企业橡胶树种植面积占全国面积的7.2%，小农户橡胶树种植面积占全国面积的50.8%，国营企业橡胶树种植面积占全国面积的42.0%。

3. 天然橡胶产业发展的支撑部门

（1）越南橡胶协会（Vietnam Rubber Association，VRA）

越南橡胶协会是在越南橡胶领域活动的各企业和单位或与橡胶有关部门的自愿组织。会员中有政府机关、私人、联营及外国投资企业等，包括各生产、加工、进口、出口及与越南橡胶行业有关的财政组织、研究机构及服务公司。此协会成立的目的为帮助各会员企业，保护会员的合法权利，以及帮助越南橡胶产业持续稳定健康发展。VRA是一个非营利性的组织，也是一

个法人，代表越南橡胶行业与各政府机关单位参与谈判和橡胶有关的各种战略，签约合作，提出各种政策，以保护并鼓励各橡胶企业及在越南从事橡胶产业的有关单位。

（2）越南橡胶集团（Vietnam Rubber Group，VRG）

越南橡胶集团是越南最大天然橡胶生产商，主要经营业务为橡胶种植、加工和营销、木材加工、橡胶工业产品生产，工业区和高技术农业区基础设施投资经营等，在越南拥有超过 40 万公顷的橡胶种植园，平均每公顷产量 1.56 吨，并在老挝和柬埔寨投资种植橡胶。

越南是国际三方橡胶理事会、国际橡胶联盟、天然橡胶生产国协会、国际橡胶研究与发展委员会等国际组织的成员单位。

4. 天然橡胶产量、消费量、出口量和进口量

近年来，越南天然橡胶产量呈现增长趋势，2020 年达到 124.8 万吨。乳胶主要加工成标准胶，基本占比达到 70% 以上，标准胶型号以越南 3L 与越南 10# 胶为主，而胶乳与烟胶片仅分别占 5% 左右。越南天然橡胶 90% 供出口，国内消费量仅占国内产量和进口量的 10% 左右。2011—2020 年越南天然橡胶产量、消费量、出口量和进口量变化情况见图 3-3。

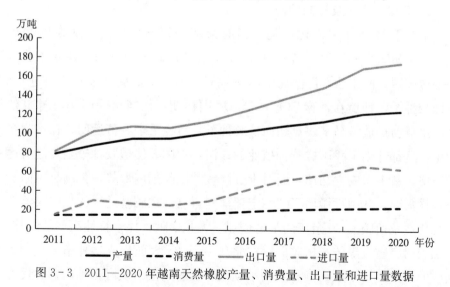

图 3-3　2011—2020 年越南天然橡胶产量、消费量、出口量和进口量数据

2019—2020 年越南天然橡胶产量、消费量、出口量、进口量月度数据如表 3-9。

表 3-9 2019—2020 年越南天然橡胶产量、消费量、出口量和进口量月度数据

单位：万吨

月份	产量		消费量		出口量		进口量	
	2019 年	2020 年	2019 年	2020 年	2019 年	2020 年	2019 年	2020 年
1 月	11.00	9.64	2.00	2.20	15.72	9.01	5.70	2.28
2 月	8.00	6.99	1.60	2.00	7.95	9.27	2.70	2.10
3 月	6.50	5.00	1.90	1.60	10.35	6.06	2.60	2.29
4 月	5.00	4.12	2.00	1.40	7.44	4.22	4.50	2.39
5 月	6.00	5.97	2.00	1.80	7.66	7.49	2.80	3.04
6 月	8.00	10.18	2.00	2.10	12.27	13.64	5.70	4.05
7 月	9.50	12.92	2.00	2.00	16.73	20.28	9.20	5.25
8 月	13.69	15.01	2.20	2.41	18.04	22.30	6.50	6.54
9 月	14.51	15.25	1.80	1.92	14.99	20.58	4.50	6.96
10 月	14.67	13.32	2.00	2.19	19.62	19.56	6.30	7.86
11 月	12.79	13.29	1.80	2.16	19.17	21.74	7.60	9.03
12 月	12.54	13.12	2.00	2.17	19.90	20.89	9.30	12.63

（四）中国

1. 橡胶树分布及开割情况

中国于 1904 年引入橡胶树。当时云南的刀安仁先生，从泰国购买了 8 000 多株巴西三叶橡胶树苗，历经千辛万苦运到云南种植，建起了我国第一个橡胶园。两年后，海南岛爱国华侨何麟书先生，从马来西亚引进 4 000 粒橡胶种子，种植在海南琼海一带。民国初期，徐闻籍爱国华侨林育仁先生，也从新加坡、马来西亚购回橡胶种子，历经千辛万苦运回，在雷州半岛种植，这都开创了我国橡胶种植业的先河。中国天然橡胶种植至今已有逾百年历史。新中国成立初期，面对十分严峻的国际国内形势，为满足国防和经济建设需要，党中央做出了"一定要建立自己的橡胶基地"的战略决策，经过几代垦荒植胶人 70 余年的艰苦创业、无私奉献，探索抗性高产植胶技术，使橡胶树突破世界传统植胶区，在北纬 18°～25°大面积成功种植，我国天然橡胶的生产经历了从无到有、从小到大、从弱到强、从国营到国营、民营并举，从国内生产到国外跨国经营的发展过程，形成了以海南、云南和广东省为主的现代天然橡胶生产基地，跻身世界植胶大国，创造了世界植胶史上引

人注目的奇迹，取得了辉煌的成就。目前已成为天然橡胶第五大生产国，种植面积和产量分别占世界的 8% 和 7%，在世界天然橡胶生产中占有重要地位。中国天然橡胶停割期是 1—3 月，高产期是 7—10 月，11 月中旬云南产区开始停割，12 月下旬海南产区开始停割。2011—2020 年中国橡胶树开割面积、总面积数据如表 3-10 所示。

表 3-10　2011—2020 年中国橡胶树开割面积、总面积数据

单位：万公顷

年份	2011	2012	2013	2014	2015	2016	2017	2018	2019	2020
开割面积	60.65	65.09	68.59	69.52	71.51	72.53	75.90	73.38	75.38	80.00
总面积	108.13	113.06	114.39	116.11	116.00	117.78	116.75	114.49	114.53	115.70

数据来源：农业农村部南亚热带作物统计资料。

2. 橡胶种植园的分类

中国橡胶种植园分为两类：一是农垦胶园，二是地方胶园。农垦胶园是指最初依托广东农垦成立的广垦橡胶集团有限公司、海南农垦成立的海南天然橡胶产业集团股份有限公司、云南农垦成立的云南天然橡胶产业集团有限公司等建立的国营胶园；地方胶园是指民营胶园，也即私人胶园。2011—2020 年中国农垦胶园、地方胶园面积数据如表 3-11。

表 3-11　2011—2020 年中国农垦胶园、地方胶园种植面积、开割面积数据

单位：万公顷

年份	年末实有面积		开割面积	
	农垦	地方	农垦	地方
2011	46.08	62.05	31.20	29.45
2012	44.14	68.92	31.79	33.29
2013	44.61	69.78	32.43	36.16
2014	44.25	71.86	31.61	37.90
2015	43.19	72.81	30.89	40.62
2016	42.93	74.85	31.04	41.49
2017	43.47	73.28	31.90	44.01
2018	42.88	71.61	30.02	43.36
2019	42.13	72.41	29.37	46.01
2020	42.44	73.26	31.63	48.37

数据来源：农业农村部南亚热带作物统计资料。

3. 天然橡胶产业发展的支撑部门

(1) 中国天然橡胶协会

中国天然橡胶协会成立于 2007 年 11 月 15 日，是由全国从事天然橡胶生产、科研、技术推广、销售储运的相关企事业单位和有关社会团体、专家、学者、胶农及其他从业人员按照自愿、平等原则组成的具有独立法人资格的全国性社会团体，属非营利性社会组织。协会的宗旨是：反映会员的愿望和要求，维护会员的合法权益；为政府决策服务，遵守宪法、法律、法规和国家政策，遵守社会道德风尚，在政府和企业间起桥梁和纽带作用，推动我国天然橡胶产业持续、健康发展。协会业务主管部门为农业农村部，接受社团登记管理部门为民政部，协会挂靠单位为中国农垦经济发展中心。

此外，海南省、云南省等分别成立有省级的天然橡胶协会，在省级层面推动辖区内天然橡胶产业持续、健康发展。

(2) 中国热带农业科学院橡胶研究所

隶属于农业农村部，是我国唯一以天然橡胶为主要研究对象的国家级研究机构，主导我国天然橡胶产业技术体系建设，构建了涵盖资源与育种、良种良苗、生理生化、栽培生态、土壤肥料、植物保护、生物与材料工程、采胶、机械装备、加工、木材综合利用、产业发展等天然橡胶全产业链的科技创新体系。经过 60 多年的不懈奋斗，橡胶研究所已发展成为一个综合科研实力较强、知名度较高的农业科研机构。取得包括国家发明一等奖、国家科技进步一等奖在内的科技奖励 180 余项。在橡胶树北移栽培、橡胶树优良无性系引进试种、割胶技术体系改进及应用等领域取得了辉煌成就，为我国天然橡胶产业体系的建立和实现三次产业升级提供了有力的科技支撑。目前，在橡胶树基因组学研究、新一代橡胶树速生高产抗逆新品种培育、幼态化和小型化种苗繁育技术体系构建、新型种植材料推广、采胶新技术及电动割胶刀研发、死皮防控关键技术、胶园全周期间作模式、橡胶木材综合利用、高端制品用胶加工技术等方面取得新突破。

此外，海南大学、云南农业大学、云南省热带作物科学研究所、云南省德宏热带农业科学研究所等科教单位也在从事天然橡胶产业技术研发与推广，推动天然橡胶产业科技进步。

（3）中国橡胶工业协会

中国橡胶工业协会（China Rubber Industry Association，CRIA）是经民政部核准注册登记的、具有独立法人资格的全国性社会团体。1985 年正式成立，现有会员单位 1 500 多家，是一个跨地区、跨部门、跨所有制的行业组织。业务主管单位是国务院国有资产监督管理委员会。

协会常设办事机构为秘书处、公共关系部、信息会展部、技术经济委员会、《中国橡胶》杂志社等工作机构。协会定期发布行业统计信息，出版发行《中国橡胶》月刊和《中国橡胶工业年鉴》，开设中国橡胶网。协会下设 15 个分支机构，分别是轮胎分会、力车胎分会、胶管胶带分会、橡胶制品分会、乳胶分会、炭黑分会、废橡胶综合利用分会、橡胶机械模具分会、胶鞋分会以及橡胶助剂专业委员会、骨架材料专业委员会、橡胶材料专业委员会、营销工作委员会、杜仲产业促进工作委员会（杜仲产业技术创新战略联盟）、橡胶测试专业委员会。

中国是天然橡胶生产国协会、国际橡胶研究与发展委员会等国际组织的成员单位。

4. 天然橡胶产量、消费量、出口量和进口量

中国生产的天然橡胶初加工品种主要有标准胶和离心浓缩胶乳，还生产少量的烟胶片和胶清胶，其中标准胶又分为乳胶级标准胶和凝胶级标准胶。乳胶级标准胶以 SCR5 橡胶为主，占我国天然橡胶总产量的 70％～80％；年产离心浓缩胶乳 6 万～8 万吨，占我国天然橡胶总产量的 10％。近年来，中国天然橡胶产量相对稳定，产量位居世界第五位，消费量却持续增长，已经成为世界上第一大天然橡胶消费国，第一大天然橡胶进口国。2011—2020 年中国天然橡胶生产、消费、出口和进口量数据变化情况如图 3-4。

（五）印度

1. 橡胶树分布及开割情况

印度是 1902 年开始商业栽培橡胶树，目前已经成为世界上第六大生产国，印度天然橡胶种植区域按照农业气候条件来说，可以分为传统种植区、非传统种植区两类。传统种植区主要是西南内陆腹地，包括泰米尔纳德邦的坎尼亚古马里区、喀拉拉邦；非传统种植区有卡纳塔克邦内陆地区、果阿

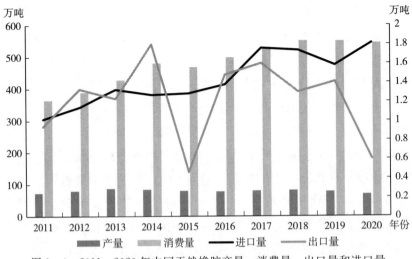

图 3-4 2011—2020 年中国天然橡胶产量、消费量、出口量和进口量

邦、马哈拉施特拉邦的康坎、安德拉邦与奥里萨邦的内陆腹地以及东北部的特里普拉邦、阿萨姆邦、孟加拉邦北部、梅加拉亚邦等。2011—2020 印度橡胶树开割面积、总面积数据如表 3-12 所示。

表 3-12 2011—2020 年印度橡胶树开割面积、总面积数据

单位：万公顷

年份	2011	2012	2013	2014	2015	2016	2017	2018	2019	2020
开割面积	49.10	50.40	47.50	44.70	39.10	44.50	47.60	44.80	51.80	55.20
总面积	73.50	75.80	77.80	79.50	81.10	81.80	82.10	82.20	82.60	83.10

2. 橡胶种植园的分类

1955—1956 年，印度橡胶树的种植为大型胶园主所垄断，面积在 20 公顷以上的大型胶园占该国橡胶总种植面积的 50% 以上。经历了产业结构调整的分裂瓦解之后，2001—2002 年，大型胶园的比例已降至 12%。目前，印度天然橡胶主要依靠小农户，91% 的橡胶种植面积和 92% 的天然橡胶产量来自于小农户。印度橡胶小农户有 130 万户，而胶工为 60 万人。印度平均每户橡胶的种植面积为 0.57 公顷，在天然橡胶主要生产国中是最低的。在非传统橡胶种植区大多数种植户来自于自然资源贫乏的部落。

印度天然橡胶产业大都以套种的形式发展其他作物。在开割前的胶园，可以套种香蕉、菠萝、魔芋、薯蓣、茯苓、竹芋、生姜、姜黄等作物；开割

后的胶园，可以套种咖啡、可可、药材、蔬菜等作物。

3. 天然橡胶产业发展的支撑部门

印度天然橡胶产业发展的支撑部门主要是印度橡胶委员会（India Rubber Board），成立于1947年，隶属于印度商业和工业部，其目的是推动国家天然橡胶产业持续发展。印度橡胶委员会下设橡胶研究所、橡胶生产部、培训部、统计与规划部等13个部门。橡胶研究所成立于1955年，针对橡胶树的种植、栽培、天然橡胶的加工及消费，进行科学性、技术性和经济方面的研究。橡胶研究所有9个研究领域，7个区域性的研究站，2个育种分站和1个中央实验站。橡胶生产部负责策划、制订和实施改善和扩大橡胶种植计划、推广和咨询服务、投入品供应、示范和小型种植者培训等工作。

印度是天然橡胶生产国协会、国际橡胶研究组织、国际橡胶研究与发展委员会等国际组织的成员单位。

4. 天然橡胶产量、消费量、出口量和进口量

2020年印度天然橡胶产量为67.89万吨，约占世界天然橡胶产量的5%左右，加工产品主要为烟胶片，大约占80%，其次为标准胶，大约占10%以上，再是胶乳，大约占10%以下。印度天然橡胶生产主要以烟胶片为主，干胶和胶乳生产量比较少，这与印度轮胎行业发展迅速并成为印度第一大下游消费行业有密不可分的关系。2011—2020年印度烟胶片、标准胶、胶乳的生产情况如图3-5。

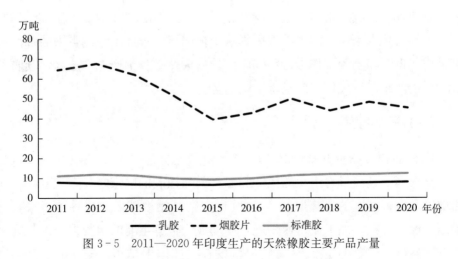

图3-5　2011—2020年印度生产的天然橡胶主要产品产量

下游消费领域主要在轮胎行业，产不足需，大量依赖进口，其进口依存度达到55％以上。2011—2020年印度天然橡胶生产、消费、出口和进口量数据如图3-6。

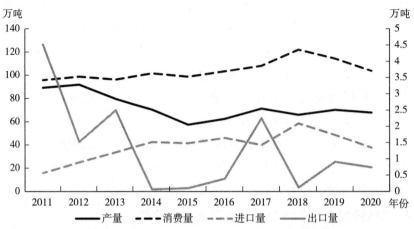

图3-6　2011—2020年印度天然橡胶产量、消费量、出口量和进口量示意图

2012年印度天然橡胶产量达到顶峰后，开始大幅下降，最大跌幅出现于2014年，较上一年跌幅达23.58％，2015年天然橡胶产量继续大幅下降，2016年才开始回升。导致产量大幅度下降的最主要原因：①2011年以来天然橡胶价格持续下跌，生产积极性受挫；②工人工资水平提高，雇佣割胶工成本增加，天然橡胶生产盈利减少；③随着印度经济社会发展，工作机会增多，而割胶工人收入增加迟缓，熟练割胶工人不断减少；④天气因素影响，印度主要为热带季风气候，受季风影响十分明显，季风不稳定带来的多雨和干旱均严重影响割胶工作进行；⑤印度国内天然橡胶生产成本走高，胶农及加工厂生产积极性欠佳，产量呈下降趋势。

（六）马来西亚

1. 橡胶树分布及开割情况

马来西亚是最早有组织的生产和加工天然橡胶的国家之一，主要种植在西部以及靠近泰国的南部地区。自20世纪初开始橡胶商业化种植以来，马来西亚橡胶种植、加工业迅速发展，一度成为世界主要的橡胶生产国。马来西亚天然橡胶停割期是2—5月，停割期在主产国中是相对较长的，高产期是 11 月至翌年 1 月。2020 年,马来西亚的橡胶种植总面积为 111.3 万公顷,比 1990 年的 183 万公顷减少了 71.7 万公顷,下降了 39%,如表 3 - 13。主要是因为:①马来西亚自 21 世纪开始工业化进程加快,劳动力大量流向工业领域,割胶工人减少;②种植油棕经济效益高于种植橡胶,油棕产值高且非生产期短于橡胶,因而农民转向种植油棕或改种油棕,是橡胶种植面积锐减的主要原因。

表 3 - 13 2011—2020 年马来西亚橡胶树开割面积、总面积数据

单位:万公顷

年份	2011	2012	2013	2014	2015	2016	2017	2018	2019	2020
开割面积	66.40	63.10	59.00	50.00	51.20	48.10	51.00	42.20	44.80	44.80
总面积	102.70	104.10	105.90	106.90	107.40	107.80	108.20	108.30	108.60	111.30

2. 橡胶种植园的分类

马来西亚天然橡胶产业结构分为两种类型。以生产单位的种植面积是否超过 100 英亩①为界线,超过 100 英亩的称为"橡胶园"(estate),不超过 100 英亩的称为"小农场"(smallholding)。小农场虽然规模小,但数量众多,小农场的橡胶种植面积占马来西亚橡胶总面积的 90% 左右,而橡胶园的种植面积仅占总面积的 10% 左右,2011—2020 年橡胶园、小农场面积如表 3 - 14。

表 3 - 14 2011—2020 年马来西亚橡胶园、小农场面积数据

单位:万公顷

年份	2011	2012	2013	2014	2015	2016	2017	2018	2019	2020
橡胶园	6.42	6.59	7.74	8.01	7.68	7.74	7.51	7.30	9.53	9.11
小农场	96.28	97.53	98.14	98.87	99.76	100.06	100.66	101.01	99.10	102.21

3. 天然橡胶产业发展的支撑部门

(1)马来西亚橡胶委员会

马来西亚橡胶委员会(Malaysian Rubber Board,MRB)成立于 1998 年 1 月 1 日,由原来的马来西亚橡胶研究所、马来西亚橡胶研究与发展局、

---

① 英亩为非法定计量单位,1 英亩=0.404 68 公顷,下同。

马来西亚橡胶交易和特许局合并组成。MRB 的主要目标是在各个方面推动马来西亚橡胶工业的发展和现代化，包括橡胶树的种植、乳胶的提取和加工、橡胶产品的制造以及橡胶和橡胶产品的销售。马来西亚橡胶研究所成立于 1925 年，主要开展了橡胶生物化学、生理学、分子生物学、解剖学/超微结构和组织学等方面的研究，尤其生物技术应用，在橡胶转基因研究上取得突破性进展，马来西亚橡胶研究所首次成功生产出转基因橡胶，成功地将报道基因 GUS 转入橡胶植株内，并证明叶片组织和乳胶中都有表达。

（2）马来西亚橡胶理事会

马来西亚橡胶理事会（Malaysian Rubber Council，MRC）成立于 2000 年 4 月 14 日，由马来西亚种植园工业和商品部部长任命的受托人委员会管理。主要任务是在世界市场上促进马来西亚优质橡胶产品的市场推广，并通过国内推广工作支持中小企业。MRC 在美国、欧洲、中国和印度设立有海外办公室，美国办公室成立于 2001 年 2 月，位于华盛顿；中国办公室有 2 个，一个是成立于 2011 年 9 月的上海办公室，一个是成立于 2016 年 4 月的广州办公室；印度办公室成立于 2016 年 5 月，位于孟买；欧洲办公室 2018 年 11 月在荷兰鹿特丹的新地点恢复运营。

（3）马来西亚知知橡胶集团有限公司

马来西亚知知橡胶集团有限公司创立于 1988 年，集团旗下有 8 个天然橡胶工厂和 3 个乳胶厂。马来西亚知知橡胶集团有限公司天然橡胶年产量大约 35 万吨，此外还生产大约 35 亿只乳胶手套，现有员工 2 500～3 000 人，是马来西亚主要的天然橡胶加工和生产乳胶手套的企业。

（4）马来西亚顺行集团公司

顺行集团公司是马来西亚大型橡胶生产企业，旗下有顺行橡胶有限公司和 BigWheel 等多家橡胶公司，主要业务包括技术橡胶、轮胎橡胶等产品的产销和研发，主要销售市场为澳大利亚、新加坡、印度尼西亚和中国。

马来西亚是三国橡胶理事会、国际橡胶联盟、天然橡胶生产国协会、国际橡胶研究组织、国际橡胶研究与发展委员会等国际组织的成员单位。

4. 天然橡胶产量、消费量、出口量和进口量

马来西亚橡胶胶水主要加工成干胶片，小部分加工成胶乳。随着橡胶种植面积的下降，马来西亚近几年的天然橡胶产量不足 100 万吨。为了满足下游产业的原材料需求，马来西亚出台政策，计划将国家的橡胶生产能力维持在 100 万吨左右。2015 年马来西亚天然橡胶产量 72.2 万吨，2016 年马来西亚天然橡胶产量 67.4 万吨，2017 年又上升到 74.1 万吨，然后又开始波动下降。原因主要是：①马来西亚可割胶面积数量有限，国内老化胶园较多，2003—2010 年马来西亚新增种植面积有限（仅有 2008 年新增 0.60 万公顷），对应进入割胶状态新增面积增量有限，2011 年以来胶价低迷，2012 年开始更新面积均较大，相对开割面积有所下降，2020 年相对于 2011 年开割面积减少 22 万公顷；②限产政策对马来西亚影响有限，为稳定国际市场天然橡胶价格，马来西亚与泰国、印度尼西亚推行三国联合限产计划，减少国际市场上天然橡胶的供应量。马来西亚是一个橡胶和棕榈相互代替的国家，马来西亚的标准胶是世界上最好的，因为采用了标准化生产，严格掌握质量，所以马来西亚标准胶的价格是全球标准胶中最贵的。除了在生产淡季，印度尼西亚标准胶的价格可能会暂时高于马来西亚标准胶价格。中国轮胎生产上用马来西亚标准胶的较多，但是性价比不是最佳的。2011—2020 年马来西亚天然橡胶生产、消费、出口和进口量数据如图 3-7。

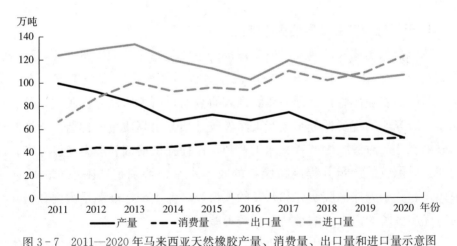

图 3-7　2011—2020 年马来西亚天然橡胶产量、消费量、出口量和进口量示意图

（七）菲律宾

1. 橡胶树分布及开割情况

菲律宾的天然橡胶产业始于 1905 年，由于得天独厚的资源及地理区位，

得益于马来西亚、泰国等先行国的经验，在橡胶树培育、种植和橡胶生产方面少走了弯路，橡胶产量可观。主要种植区域有南阿古桑省、布基农省、南哥打巴托省、北达沃省、南三宝颜省和巴西兰省等省份。尤其是近年来，在国际橡胶市场的强劲需求下，菲律宾等国橡胶种植业得到迅速发展，橡胶种植面积和产量得到大幅提升，成为东南亚橡胶新的增长点。2020年菲律宾橡胶树种植面积为23.29万公顷，割胶面积19.57万公顷，割胶率84.03%。2011—2020年菲律宾橡胶树开割面积、总面积数据如表3-15所示。

表3-15　2011—2020年菲律宾橡胶树开割面积、总面积数据

单位：万公顷

年份	2011	2012	2013	2014	2015	2016	2017	2018	2019	2020
开割面积	8.29	8.36	9.92	12.00	11.70	14.30	15.30	16.20	17.70	19.57
总面积	16.20	17.60	18.60	21.80	22.30	22.30	22.60	22.90	23.10	23.29

2. 橡胶种植园的分类

菲律宾橡胶种植园规模相对较小，大都是小农户种植，面积一般是3~10公顷。

3. 天然橡胶产业发展的支撑部门

菲律宾天然橡胶产业发展的支撑部门主要是菲律宾橡胶研究所，该研究所成立于2010年6月11日，坐落在菲律宾南部城市三宝颜市棉兰老岛大学。菲律宾农业部直接管理菲律宾橡胶研究所，研究所从事橡胶栽培及育种工作。研究所的主要任务是生产天然橡胶并培育出高质量的种苗，为橡胶产品提供服务；对橡胶生产者、加工者和合作社提供培训和能力建设方案，以增加优质橡胶的产量并提高植胶户的收入水平，特别是贫困小农的收入水平；发起关于天然橡胶研究和开发的项目，确保生产标准满足国内和国际贸易对优质橡胶的需求，缩小技术和政策差距等。

菲律宾是天然橡胶生产国协会、国际橡胶研究与发展委员会等国际组织的成员单位。

4. 天然橡胶产量、消费量、出口量和进口量

随着全球橡胶需求的增长，菲律宾政府力争通过引进新技术、更新工厂旧的生产设备以及通过合作来获取财政、基础设施及其他服务支持，提高本

国天然橡胶产量。菲律宾农业部秘书长 Proceso Alcal 曾表示，菲律宾拥有广阔的适合橡胶种植的土地资源及较高的橡胶种植技术，足以有效推动天然橡胶产业的发展。菲律宾的橡胶产业发展主要依赖于出口，主要出口到马来西亚、中国、越南、韩国、印度、马来西亚、日本等国家，国内的市场非常狭小。2011—2020 年菲律宾天然橡胶生产、消费、出口量和进口量情况如图 3-8。

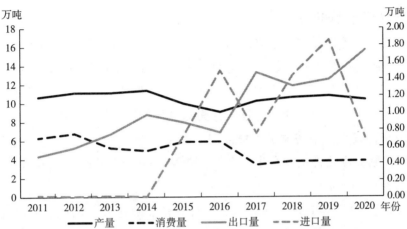

图 3-8　2011—2020 年菲律宾天然橡胶产量、消费量、出口量和进口量示意图

（八）缅甸

1. 橡胶树分布及开割情况

天然橡胶是缅甸重要的工业原料，也是缅甸主要的农业创汇产品。缅甸从 1988 年开始重视天然橡胶产业发展，近几年来，在国际国内天然橡胶市场的强劲需求以及新科技的推动下，缅甸橡胶种植业发展迅速，橡胶的种植面积逐步扩大，已从南部传统植胶区孟邦和德林达依省，扩大到北部的克钦邦和东北部的掸邦等地区，孟邦、德林达依、克伦邦、坦尼塔伊、仰光、勃固等省区已经成为天然橡胶主要生产区域，以 2018/2019 生产季为例，孟邦天然橡胶种植面积为 201 277 公顷，占全国天然橡胶种植面积的 30.52%；其次是德林达依省，种植面积为 141 030 公顷，占全国天然橡胶种植面积的 21.39%。虽然目前缅甸的橡胶种植面积和产量还不如泰国和马来西亚等东南亚国家，但发展潜力非常大。同时，政府也在积极鼓励和支持本国橡胶产

业的发展，2011—2020 年橡胶树开割面积、总面积数据如表 3－16。

表 3－16　2011—2019 年缅甸橡胶树开割面积、总面积数据

单位：万公顷

年份	2011	2012	2013	2014	2015	2016	2017	2018	2019
开割面积	18.66	19.83	21.37	23.19	25.88	28.10	29.30	31.13	32.98
总面积	50.42	54.31	58.11	60.99	64.11	65.05	65.40	65.69	65.94

2. 橡胶种植园的分类

缅甸橡胶种植业主要依靠民营企业，民营企业胶园在种植面积、开割面积以及干胶总产量上都占据明显优势，民营企业种植面积占全国橡胶种植面积的 90％以上，国营企业种植面积占全国橡胶种植面积的 10％以下，国营企业主要在土地、种苗和种植技术方面提供帮助。

3. 天然橡胶产业发展的支撑部门

（1）缅甸橡胶种植者和生产者协会（Myanmar Rubber Planters & Producers Association）

成立于 2005 年 3 月，在孟邦、德林达依、克伦邦、勃固、伊洛瓦底省等橡胶主产区设有分支机构，其目标是：快速发展整个缅甸橡胶种植业的数量和质量；增加橡胶出口，增加外汇收入；发展国内橡胶加工业；增加橡胶从业人员的收入，提高生活水平；支持国家的经济发展。

（2）缅甸多年生作物管理局（Myanmar Perennial Crops Enterprise）

成立于 1994 年 6 月 6 日，隶属于缅甸农业畜牧与灌溉部，它的主要职责是扩大橡胶树种植面积，提高民营胶园产量，为橡胶种植园提供优良种植材料和技术推广服务，开展相关的技术研究等，以加强对橡胶等多种多年生作物的关注和引导，并提供土地、种苗以及种植技术等方面的帮助。

缅甸是天然橡胶生产国协会、国际橡胶研究与发展委员会等国际组织的成员单位。

4. 天然橡胶产量、消费量、出口量和进口量

缅甸是一个农业土地资源丰富的国家，植胶土壤类型基本上是红褐色森林土壤或砖红壤。可利用来种植橡胶树的土地面积非常丰富，主要集中在缅甸南部地区。政府允许国内国际企业进行土地开发来发展包括橡胶在内的各

种农业项目，与宜植胶面积相比，缅甸目前橡胶的种植面积很小，但呈逐年增加趋势，产量也在逐年增加，未来天然橡胶产业发展潜力、空间非常大。缅甸天然橡胶主要出口到中国、马来西亚、印度、韩国和日本等国家。2011—2020年缅甸天然橡胶生产、消费、出口和进口情况如图3-9。

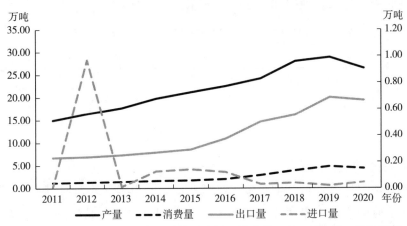

图3-9　2011—2020年缅甸天然橡胶产量、消费量、出口量和进口量示意图

（九）斯里兰卡

1. 橡胶树分布及开割情况

斯里兰卡有着悠久的橡胶种植历史，于19世纪后期首次由英国人引入，是最早种植橡胶的东南亚国家之一，其天然橡胶质量上乘，为世界所公认，尤其是TPC皱胶片，这种独特的天然橡胶仅产于斯里兰卡，但斯里兰卡橡胶种植业发展缓慢。1900年，斯里兰卡橡胶种植面积为708.2公顷。20世纪初期由于世界茶叶价格下滑，斯里兰卡橡胶种植面积开始加速扩大，1920年迅速增加到18.21万公顷，到1978年为20.20万公顷。传统种植区域是莫讷勒格勒、汉班托特等西南部和中部的低山丘陵区，该区域降水较多，其他地方为非传统植胶区，有零星的胶园分布。为了满足国内每年约15万吨的天然橡胶消费需求，政府考虑在非传统植胶区种植橡胶。传统植胶区的橡胶园由于受工业化、城镇化的发展，以及橡胶价格低迷、东南亚金融危机等原因的影响橡胶生产受到限制甚至有缩减的趋势。东方省、北方省和中北省被视为新发展橡胶种植的区域。东方省2003年开始推广橡胶种植，在安帕

拉（Ampara）地区已经扩展到 1 800 多公顷，从业农民达到 2 500 多人，居民收入和生活水平得到显著提升。北方省在 2010 年开始引入橡胶种植，在瓦武尼亚（Vavuniya）种植 50 公顷，主要限制种植规模扩张的因素是人们接受程度低，沟通不畅，天然橡胶价格低迷。2011—2020 年斯里兰卡橡胶树开割面积、总面积数据如表 3-17 所示。

表 3-17　2011—2020 年斯里兰卡橡胶树开割面积、总面积数据

单位：万公顷

年份	2011	2012	2013	2014	2015	2016	2017	2018	2019	2020
开割面积	7.81	7.93	7.93	8.34	9.06	9.68	10.27	10.67	11.36	11.47
总面积	12.81	13.13	13.44	13.57	13.64	13.61	13.66	13.71	13.67	13.75

2. 橡胶种植园的分类

斯里兰卡橡胶种植业主要依靠私营胶园，私营胶园在种植面积、开割面积以及干胶总产量上都占据明显优势。2003 年斯里兰卡橡胶种植面积约为12.89 万公顷，其中 8.32 万公顷为私营胶园，2004 年开始，政府出台措施扶持私营橡胶种植业的发展，鼓励私有经济成分参与橡胶种植及加工业，目前私营胶园占全国天然橡胶种植面积 70% 以上，私营胶园的种植规模一般小于 20 公顷，大都由小农户经营。国有胶园占据相对较小的比例。

3. 天然橡胶产业发展的支撑部门

斯里兰卡天然橡胶产业的支撑部门主要是斯里兰卡橡胶研究所（Rubber Research Institute of Sri Lanka）。该所创建于 1910 年，位于阿加拉瓦特（Agalawata），是斯里兰卡唯一的橡胶研究机构，主要负责全国橡胶科研和技术推广工作，设有研究部、行政部、生产部和试验分站，研究部设有遗传育种、植物病理、生理生化、土壤和植物营养、农业经济、生物统计、引种等研究室，出版有《Journal of the Rubber Research Institute of Sri Lanka》。

斯里兰卡是天然橡胶生产国协会、国际橡胶研究组织、国际橡胶研究与发展委员会等国际组织的成员单位。

4. 天然橡胶产量、消费量、出口量和进口量

近年来，国际市场天然橡胶价格低迷，小农户缺乏资金，对橡胶园疏于管理，减少了肥料、农药等的投入，天然橡胶单位面积产量呈现下降趋势，

导致近年来斯里兰卡天然橡胶产量下降。为提高天然橡胶产业附加值，斯里兰卡注重发展国内橡胶加工业，逐步从早期的主要以原料出口转变到主要以橡胶成品、半成品的出口。目前，斯里兰卡天然橡胶产量的 65％ 为本国工业所消耗，橡胶内销大于出口。斯里兰卡橡胶产品主要是轮胎、医用手套、汽车部件、鞋、地面材料、胶管和内胎、气球和玩具、泡沫橡胶垫等，特别是轮胎已占世界实心轮胎市场的 25％。1952 年 12 月 18 日，中国与斯里兰卡（旧称锡兰）政府签订第一个《中国与锡兰关于橡胶和大米的五年贸易协定》（俗称《米胶协议》），即中国每年以 27 万吨大米换取斯里兰卡 5 万吨橡胶，该协定从 1952 年执行到 1982 年，长达 30 年。2011—2020 年斯里兰卡天然橡胶产量、消费量、出口量和进口量情况如图 3-10。

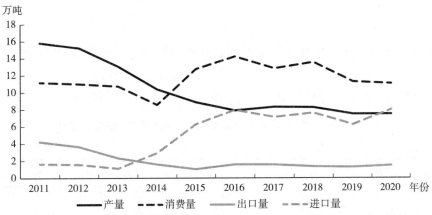

图 3-10　2011—2020 年斯里兰卡天然橡胶产量、消费量、出口量和进口量情况

（十）柬埔寨

1. 橡胶树分布及开割情况

柬埔寨属于温暖湿润的热带季风气候，主要降雨集中在 5—11 月，年降水量 1 250～1 750 毫米。日均温度范围为 21～35℃，年均温 24℃，3、4 月是一年中最热的月份，1 月最凉爽。柬埔寨的气候条件，无论从光照条件和降水条件来看，总体有利于天然橡胶生产。

1910 年，法国人最先将橡胶树引种到柬埔寨南部的贡布省。20 世纪 20 年代，法国公司获得许可在柬埔寨特许经济土地投资开始大面积种植橡胶。1989 年，柬埔寨的天然橡胶产业经过重组和改革，形成七大国有大胶园、两个私有大胶园和一些小种植户组成的格局，同时组建橡胶研究所。20 世纪 90 年代末至 21 世纪初，柬埔寨放开橡胶生产、加工和销售权，大量农户开始种植橡胶，天然橡胶产业有了较快发展。到 2005 年橡胶种植面积又重新达到 6 万公顷，开割胶园 3 万公顷。为了激发天然橡胶产业的发展动力，2007—2008 年，柬埔寨政府将 7 个国有胶园进行私有化改革，同时，批准国内外公司在特许经济土地投资种植橡胶，柬埔寨的天然橡胶产业发展进一步加快。目前柬埔寨的天然橡胶分布在 22 个省区，东部和东北部发展较快，新的区域是 2004 年开始种植的，大都集中在平原。传统种植区种植面积占全国种植面积的 60%左右，由原磅湛省划出 6 个区设立的特本克蒙省（2013 年 12 月）是目前最大的橡胶种植省份，占全国橡胶种植面积的 20%左右，其他主要种植省份依次为桔井省，占全国橡胶种植面积的 18%左右；拉达那基里省，占全国种植面积的 15%左右；磅湛省，占全国橡胶种植面积的 8%左右。非传统种植区中磅同省种植面积较大，种植面积占全国橡胶种植面积的 17%左右，蒙多基里省占 8%左右，上丁省占 4%左右。2011—2020 年柬埔寨橡胶树开割面积、总面积数据如表 3-18 所示。

表 3-18　2011—2020 年柬埔寨橡胶树开割面积、总面积数据

单位：万公顷

年份	2011	2012	2013	2014	2015	2016	2017	2018	2019	2020
开割面积	4.51	5.53	7.85	9.05	11.12	12.70	17.02	20.19	25.45	30.60
总面积	21.31	28.03	32.87	35.78	38.89	43.27	43.63	43.67	43.71	43.74

2. 橡胶种植园的分类

按照所有制属性，柬埔寨的橡胶园分为 3 大类：农户小胶园、大胶园、特许经济土地胶园。农户小胶园占比最大，达到 50%左右，柬埔寨天然橡胶生产的优越条件吸引外资大量进入，开发土地资源种植橡胶，特许经济土地胶园的占比呈现增长趋势，目前已经超过 40%，大胶园是指原国有胶园和柬埔寨橡胶研究所的试验示范胶园，近年来原国有胶园面积呈现下降趋势，大胶园的占比已经低于 10%。

3. 天然橡胶产业发展的支撑部门

（1）柬埔寨橡胶总局

柬埔寨政府 2008 年 11 月 14 日发布的第 188 号法令规定，农林渔业部设立橡胶总局（General Directorate of Rubber）管理该国天然橡胶产业，负责制定天然橡胶产业发展政策、战略和方案并监督实施，监测和评价天然橡胶的投资项目以及促进和维持柬埔寨天然橡胶产业的发展，总部位于金边。橡胶总局下设政法规处、计划财务和统计处、市场和国际合作处、橡胶发展处、橡胶产品加工处 5 个处室。柬埔寨橡胶总局拥有覆盖所有橡胶种植区域的推广网络，为所有利益相关方提供技术推广和咨询服务，推动了区级或省级橡胶小农合作社等种植户、加工厂，按照《农业合作法》的规则打造加工中心和中央橡胶市场。

（2）柬埔寨橡胶研究所（Cambodia Rubber Research Institute，CRRI）

成立于 1955 年，1992 年重建，总部位于金边。1997 年 10 月，柬埔寨政府颁布正式法令，确认该研究所为拥有法人实体的半自治性质。CRRI 40% 的财务预算由柬埔寨农林渔业部提供，其余均来自其橡胶园的创汇。在研究所及实验室的建立过程中，CRRI 得到了法国农业发展研究中心的大量援助，同时，CRRI 与越南橡胶研究所和马来西亚橡胶总局联系与合作紧密。CRRI 的研究目标为：支持能促进橡胶产业发展的计划；为橡胶产业研发高产品种；参与协助提高柬埔寨橡胶质量；为橡胶产业提供持续评价和分析研究；新技术培训和推广。CRRI 的研究内容包括引进高产品种以解决低产问题，调查研究改进割胶的方法，指导小农户规范橡胶种植，提高橡胶加工厂的橡胶生产质量。CRRI 拥有良好的研究设施设备和一个拥有适宜橡胶生长环境的橡胶园，不足则是员工较少，缺乏研究资金。

柬埔寨是天然橡胶生产国协会、国际橡胶研究与发展委员会等国际组织的成员单位。

4. 天然橡胶产量、消费量、出口量和进口量

政府为了大力推动家庭种植橡胶树工程，成立了橡胶种植户合作社，通过提供贷款鼓励农民种植橡胶树，无偿培训种植和管理技术，进而提高胶农收入。柬埔寨橡胶业发展面临的主要问题是：橡胶质量较差、割胶技术和设备落后、缺乏专业人才、出口市场狭小、缺乏培育和研究适应气候变化的技术、小的橡胶种植户缺乏资金支持、加工出来的橡胶产品都不能达到国际标准等。近年来，在中国走出去企业的技术支撑下，柬埔寨天然橡胶产量增长较快，2005 年产量仅 2.0 万吨，2011 年产量仅 5.13 万吨，2020 年产量飙升到 33.72 万吨。柬埔寨国内橡胶加工业不发达，天然橡胶主要供出口，主要出口国有越南、印度、中国、马来西亚、新加坡等国家，国内消费量相当少，同时也几乎不从国外进口天然橡胶。以 2016 年为例，柬埔寨在全国 11 个省的 126 个地区分布有橡胶加工厂，在这 126 个地区的加工厂中，只有 37 个加工厂生产技术标准胶片（TSR），85 个生产烟熏或风干胶片（RSS），还有 4 个从事橡胶木加工。柬埔寨法律禁止天然橡胶原料出口，但由于加工厂数量少而且分散，交通条件不好，致使柬埔寨有很多天然橡胶以原料胶水形式走私到越南、泰国等周边国家。2011—2020 年柬埔寨天然橡胶产量、出口量数据如图 3-11。

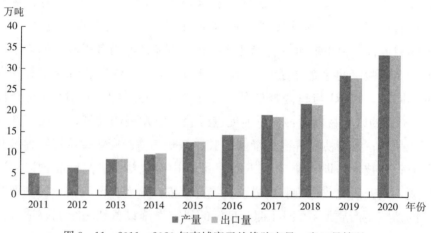

图 3-11　2011—2020 年柬埔寨天然橡胶产量、出口量情况

（十一）老挝

老挝属热带季风气候，年平均气温在 25℃ 左右，南北气温相差不大，旱雨季分明。每年 5—10 月为雨季，平均气温 24.2℃，这时西南季风带来充沛的雨水，年均降水量 1 700 多毫米，高原和山区降水量为 1 300 毫米左右。11 月至次年 4 月为旱季，平均气温 27.3℃，这时受干燥凉爽的东北风影响，几乎不降雨，平原地区常有旱情。老挝橡胶种植始于 1930 年，一位泰国投资商在占巴塞省巴将县种植了 0.5 公顷的橡胶树。1992—1996 年，老挝琅南塔省开始种植橡胶树，其中坝枯村的种植面积达 342 公顷，其经营形式主要为小农场主经营，并且所产胶水都直接交给中国商贩。2000 年以

来，老挝的橡胶种植业飞速发展，其驱动因素主要来自国内与国外两方面因素的影响，主要是受大规模土地租赁特许权开放的影响。天然橡胶对老挝社会经济发展作出重要贡献，包括：一是使老挝有对外出口的商品，成为国家收入来源；二是停止刀耕火种的生产方式，以种植橡胶树转化、替代砍树烧山来安置人民；三是改善气候环境和消除人民贫困；四是创造就业岗位，使人民丰衣足食。老挝各个区域均有橡胶种植，主要集中在北部区域，北部大约占到二分之一，尤其集中在丰沙里、珞南塔和乌多姆赛三省，在珞南塔省，超过一半的农户种植橡胶，种植面积超过 30 万公顷，开割面积超过 15 万公顷。

产业发展的模式可以概括为 3 种。大规模土地租赁特许方式占二分之一左右，合作经营方式占四分之一左右，小农场主经营方式占四分之一左右。老挝国内缺乏橡胶加工业，所产天然橡胶都供应出口，主要出口国家有中国、马来西亚、印度和越南等。2011—2020 年老挝天然橡胶产量、出口量如表 3-19 所示。

表 3-19　2011—2020 年间老挝天然橡胶产量、出口量数据

单位：万吨

年份	2011	2012	2013	2014	2015	2016	2017	2018	2019	2020
产量	0.88	2.05	4.20	5.84	6.64	7.06	7.83	10.15	13.0	13.09
出口量	0.88	2.05	4.20	5.84	6.64	7.06	7.83	10.15	13.0	13.09

（十二）孟加拉国

1952 年，孟加拉国首次尝试种植橡胶树。1959 年，孟加拉国环境和林业部从马来西亚和斯里兰卡带来数千颗橡胶种子和一些幼苗，在 Chattogram 和 Madhupur（Tangail）地区进行试验种植。国际粮农组织对孟加拉国橡胶种植的潜力进行了可行性研究之后，建议橡胶商业化种植。环境和林业部于 1960 年在 287 公顷土地上进行了一个试验项目，即"橡胶种植方案"。在试验项目 5 年的执行期间，将种植面积从 287 公顷扩大到 1 214 公顷。1962 年，环境和林业部将橡胶种植工作移交给孟加拉国森林工业发展公司（Bangladesh Forest Industries Development Corporation，BFIDC）。该试验项目的成功促使当时的政府在 1965 年又实施了一个 5 年的项目，在

4 250 公顷的土地上种植橡胶，并开展乳胶初加工。

1960—1973 年，孟加拉国森林工业发展公司在 Chittagong 和 Sylhet 地区共划出 3 116 公顷林地，打造橡胶园。但是最终橡胶园面积只有 809 公顷，其中 162 公顷在这一期间达到开割标准。政府在 1974 年开始了一项橡胶种植项目的恢复方案，提供了更多的投资资金，加快基础设施建设，重新种植橡胶树，配备研究仪器和培训设备设施等。

第二个五年计划期间（1981—1985 年）政府计划利用空闲、贫瘠且不适合种植粮食和其他作物的土地来种植橡胶，面积超过 28 328 公顷，其中 16 187 公顷属于政府所有，其他属于私人土地。孟加拉国森林工业发展公司从 1981 年开始种植高产橡胶树苗，到 1997 年，在 Chittagong、Sylhet 和 Madhupur（Tangail）地区开发了 16 个橡胶园，面积 13 207 公顷。孟加拉国森林工业发展公司种植的橡胶苗约 80% 为来自马来西亚的 RRIM－600 和 PB－235 无性系品种，每株每年能生产大约 3 千克的橡胶。目前，孟加拉国森林工业发展公司内橡胶树约 386 万棵，其中 200 多万棵开割产乳。

同期，班多尔班山区将 13 172 公顷土地分配给 1 302 人（每人 10 公顷），组织种植橡胶树，成立了由 18 人组成的常务委员会，由吉大港区长（The Commissioner of Chittagong Division）担任会长，负责挑选有潜力的橡胶种植商，并分配土地，打造橡胶园。此外，吉大港山地发展委员会（The Chittagong Hill Tracts Development Board）在 5 260 公顷的土地上种植橡胶树，打造橡胶园。另外，各种跨国公司、中小民营企业以及茶园业主共有橡胶种植面积 8 417 公顷。孟加拉国森林工业发展公司于 1968 年在全国首次进入橡胶商业生产，生产了 0.7 吨天然橡胶。孟加拉国森林工业发展公司的天然橡胶年产量在 1973 年为 55 吨，1979 年增加到 429 吨，最近几年上升到了 5 127 吨。近年来，私人胶园也生产了 5 500 吨天然橡胶。政府的目标是计划到 2050 年将天然橡胶产量发展到 20 万吨，2011—2020 年孟加拉国天然橡胶产量、出口量情况如表 3-20。

1971 年之前，孟加拉国有 10～15 家天然橡胶加工厂。孟加拉国独立后，随着天然橡胶生产和需求的增加，私人胶园建立了近 400 家中小型加工厂。这些加工厂以当地提取的乳胶为原料，生产人力车等轻型车辆的轮胎、胶鞋、鞋套、胶管、垫片等。一私营企业在考克斯巴扎尔区 Chakoria 建立了一家高科技浓缩胶乳加工厂。

表 3 - 20　2011—2020 年孟加拉国天然橡胶产量、出口量数据

单位：万吨

年份	2011	2012	2013	2014	2015	2016	2017	2018	2019	2020
产量	1.88	1.88	1.93	1.99	1.84	1.88	2.10	2.25	2.30	2.19
出口量	1.06	1.06	1.11	0.35	0.72	0.37	0.31	0.39	0.42	0.42

过去橡胶木在孟加拉国被用作薪柴，现在孟加拉国森林工业发展公司对橡胶园中更新的橡胶木进行科学处理后，可以制成高档家具和门窗等，橡胶木的质量和耐久性与其他高级木材毫无区别。

孟加拉国是天然橡胶生产国协会成员单位。

（十三）巴布亚新几内亚

巴布亚新几内亚的橡胶种植以小农户为主，占全国天然橡胶总产量的95%。目前，只有一个橡胶种植园，位于莫尔兹比港附近的 Doa。在安哥拉东塞皮克和罗德尼角中央省的政府土地上开展两项橡胶种植项目，其中包括近 4 000 公顷的土地。这两个项目都是 20 世纪 70 年代中期亚洲开发银行（ADB）资助的政府整体农村发展综合计划的一部分。

目前在 8 个沿海省份种植橡胶的面积超过 2 万公顷。该国的橡胶年产量约为 6 000 吨。尽管橡胶对国家经济和社会福利的贡献可能比不上其他农产品，但橡胶行业在沿海省份有着巨大的发展潜力，能够为农民提供稳定的收入和就业，促进农村脱贫和解决社会问题。巴布亚新几内亚是天然橡胶生产国协会的成员单位。2011—2020 年巴布亚新几内亚天然橡胶产量、出口量数据如表 3 - 21。

表 3 - 21　2011—2020 年巴布亚新几内亚天然橡胶产量、出口量数据

单位：万吨

年份	2011	2012	2013	2014	2015	2016	2017	2018	2019	2020
产量	0.75	0.75	0.75	0.75	0.66	0.54	0.57	0.57	0.57	0.55
出口量	0.75	0.75	0.75	0.75	0.65	0.65	0.65	0.66	0.66	0.66

二、亚太地区主要天然橡胶消费国

轮胎市场消耗了全球 60％以上的天然橡胶，世界轮胎市场亚太、欧洲、北美三足鼎立，全球轮胎制造业正逐步向亚太地区转移，中国已经成为世界轮胎最大生产国和重要出口国，亚太地区已经成为天然橡胶的主要消费区域。从表 3-22 中可以看出，近年来亚太地区天然橡胶的消费量占世界总消费量的比例达 70％以上，并且在波动中逐步上升。

表 3-22　亚太地区天然橡胶消费量占世界总消费量的比例（％）

年份	2011	2012	2013	2014	2015	2016	2017	2018	2019	2020
比例	68.81	71.46	72.36	73.22	72.83	73.69	73.97	74.37	74.64	76.71

（一）中国

中国是亚太地区最大的天然橡胶消费国，也是世界上天然橡胶第一大消费国，目前中国天然橡胶消费量占亚太地区天然橡胶消费量的 50％以上，并且还呈现逐步增加的趋势；占世界天然橡胶消费总量的比例在 40％左右波动。表 3-23 列举了中国天然橡胶消费量占亚太地区、世界消费总量的比例情况。

表 3-23　中国天然橡胶消费量占亚太地区、世界总消费量的比例（％）

年份	2011	2012	2013	2014	2015	2016	2017	2018	2019	2020
占亚太	47.92	49.28	51.63	53.81	52.93	53.30	54.22	53.76	53.99	55.83
占世界	32.97	35.22	37.36	39.40	38.55	39.28	40.11	39.98	40.30	42.83

据不完全统计，2020 年中国建有制胶厂 270 余座，年设计制胶能力 280 余万吨，全国实际制胶量为 70 余万吨。中国天然橡胶消费主要集中在轮胎行业，以 2018 年数据为例，卡客车轮胎消费天然橡胶 338 万吨，占比 59％；乘用胎消费天然橡胶 94 万吨，占比 16％；乳胶制品消费 46 万吨（折干后），占比 8％；斜交胎和其他制品消费天然橡胶 94 万吨，占比 17％。2020 年全球 TOP75 轮胎企业中，中国企业数量为 34 家，其中中国大陆 29 家，中国

台湾 5 家。中策橡胶位列第 10 位、山东玲珑轮胎位列第 14 位、赛轮轮胎位列第 17 位。据中国国家统计局统计，2019 年中国轮胎外胎产量达到 8.44 亿条，全钢子午胎产量为 1.32 亿条，半钢子午胎产量为 4.84 亿条，全钢胎单条天然橡胶消耗量达到 30 千克，半钢胎平均达到 1～1.5 千克，中国天然橡胶消费量世界排名第一，主要是因为轮胎产量和出口量排名世界第一，该行业消耗了大量的天然橡胶。中国天然橡胶的消费量已经远远超过国内的产量，需要大量进口天然橡胶来满足国内的需求，天然橡胶产业对外依存度相当高。据测算，2020 年我国天然橡胶自给率约为 13.70%，连续 7 年自给率不足 20%。

（二）印度

印度是亚太地区第二大天然橡胶消费国，也是世界上天然橡胶第二大消费国，目前印度天然橡胶消费量占亚太地区天然橡胶消费量的 10% 以上，占世界天然橡胶消费量的比例也达到 8% 以上。表 3-24 列举了印度天然橡胶消费量占亚太地区、世界消费总量的比例情况。

表 3-24　印度天然橡胶消费量占亚太地区、世界总消费量的比例（%）

年份	2011	2012	2013	2014	2015	2016	2017	2018	2019	2020
占亚太	12.61	12.51	11.63	11.37	11.16	11.06	11.07	11.92	11.23	10.65
占世界	8.68	8.94	8.41	8.32	8.13	8.15	8.19	8.86	8.38	8.17

目前，印度共有 41 家轮胎公司、轮胎生产工厂 62 个。2020 年全球轮胎 75 强排行榜中，印度入围 7 家，阿波罗轮胎排行 15 位，其他依次是 MRF 公司、JK 轮胎工业、太阳轮胎及车轮、西亚特轮胎、Balkrishna 工业、TVS Srichakra。其中 MRF、阿波罗和 JK 轮胎工业 3 家企业占印度市场总销售额的 60%。从 2000 年开始，印度汽车工业快速增长，到 2019 年复合增长率达到 10%，增速为全球第二位。在汽车工业快速增长的同时，印度轮胎工业也得到了较快发展，轮胎进出口贸易稳步增长。仅 2019 年，印度共出口 1 638.9 万条轮胎，主要品种为农用胎，其次为摩托车轮胎和非公路轮胎（OTR）/工业胎。

（三）泰国

泰国是亚太地区第三大天然橡胶消费国，也是世界上第四大天然橡胶消费国，但是天然橡胶的消费量还不到国内产量的 15％。轮胎产业是泰国天然橡胶消费需求最多的产业，其次是橡胶手套和橡皮带。近年来泰国天然橡胶消费量逐年攀升，2020 年消费量占到国内产量的 14.54％，2011—2020 年泰国天然橡胶消费量占亚太地区、世界总消费量的比例（％）如表 3-25。

表 3-25　2011—2020 年泰国天然橡胶消费量占亚太地区、世界总消费量的比例（％）

年份	2011	2012	2013	2014	2015	2016	2017	2018	2019	2020
占亚太	6.41	6.40	6.30	6.06	6.79	6.95	7.01	7.34	7.86	7.84
占世界	4.41	4.57	4.56	4.44	4.95	5.12	5.18	5.46	5.87	6.01

2020 年全球轮胎 75 强排行榜中，泰国仅入围 1 家，VEE 橡胶轮胎排行 69 位。2019 年泰国出口轮胎 1.35 亿条，出口额为 55.99 亿美元，分别较 2018 年增长 3.05％、13.29％，2020 年由于新冠肺炎疫情的影响，出口量降为 1.32 亿条、出口额降为 52.97 亿美元，同比分别下降 2.22％、5.39％。

（四）日本

日本是亚太地区第四大天然橡胶消费国，也是世界上第五大天然橡胶消费国，主要是因为日本汽车行业发达，轮胎产业需求较高。目前日本天然橡胶消费量占亚太地区天然橡胶消费量的比例呈现下降趋势，达 7％左右，占世界天然橡胶消费量的比例也呈现下降趋势，达 5％左右，表 3-26 列举了日本天然橡胶消费量及其占亚太地区、世界消费的比例情况。

表 3-26　日本天然橡胶消费量及其占亚太地区、世界总消费量的比例

单位：万吨、％

年份	2011	2012	2013	2014	2015	2016	2017	2018	2019	2020
消费量	77.22	72.80	71.00	70.90	69.10	67.60	67.90	70.64	71.43	57.04
占亚太	10.17	9.22	8.58	7.94	7.82	7.23	6.95	6.90	7.02	5.85
占世界	7.00	6.59	6.21	5.82	5.69	5.33	5.14	5.13	5.24	4.49

2020 年全球轮胎 75 强排行榜中，日本虽然只入围 4 家，但是实力非常雄厚，普利司通排名第 2 位，住友橡胶工业排名第 5 位，优科豪马排名第 8 位，东洋轮胎橡胶排名第 12 位，这 4 家入围企业 2020 年的销售额达 392.55 亿美元，占全球轮胎 75 强的 24.62%。2019 年日本乘用车轮胎产量为 10 932.7 万条，较 2018 年减少了 48.9 万条；轻型卡车轮胎产量为 2 208.1 万条，较 2018 年增加了 16 万条；卡客车轮胎产量为 1 061.4 万条，较 2018 年增加了 10.1 万条。

(五) 印度尼西亚

印度尼西亚是亚太地区第五大天然橡胶消费国，也是世界上第六大天然橡胶消费国，本国消费的天然橡胶占全国产量的比例很低，大约占产量的 20%，2020 年的消费量相对较高，占国内总产量的 20.50%。2011—2020 年印度尼西亚天然橡胶消费量占亚太地区、世界消费的比例情况如表 3-27。

表 3-27　2011—2020 年印度尼西亚天然橡胶消费量
占亚太地区、世界总消费量的比例（%）

年份	2011	2012	2013	2014	2015	2016	2017	2018	2019	2020
占亚太	6.06	5.89	6.15	6.04	5.76	6.24	6.22	6.04	6.14	5.89
占世界	4.17	4.21	4.45	4.43	4.20	4.60	4.60	4.49	4.58	4.52

(六) 马来西亚

马来西亚是亚太地区第六大天然橡胶消费国，也是世界上第七大天然橡胶消费国。马来西亚天然橡胶消费主要用在乳胶制品、轮胎行业，其乳胶消费量相对较高，2020 年乳胶消费量占全球乳胶消费量的 28.90%。本国的天然橡胶消费占本国产量的比例较高，且在波动中呈现上升的趋势，2020 年的消费量占国内总产量的 99.38%，2011—2020 年马来西亚胶乳、干胶消费量及天然橡胶总消费量数据如表 3-28。

马来西亚拥有全球最大的橡胶手套制造商顶级手套公司（Top Glove），全球医用手套近三分之二由马来西亚生产商供应，顶级手套公司占全球市场四分之一份额。2011—2020 年马来西亚天然橡胶消费量占亚太地区、世界消费的比例情况如表 3-29。

表 3-28　2011—2020 年马来西亚胶乳、干胶消费量及天然橡胶总消费量数据

单位：万吨

年份	2011	2012	2013	2014	2015	2016	2017	2018	2019	2020
胶乳消费量	34.53	36.56	37.8	38.82	41.05	42.07	42.41	45.11	43.74	45.75
干胶消费量	5.69	7.58	5.61	5.91	6.42	6.55	6.45	6.43	6.39	5.94
总消费量	40.22	44.14	43.41	44.73	47.47	48.62	48.86	51.54	50.13	51.69

表 3-29　2011—2020 年马来西亚天然橡胶消费量

占亚太地区、世界总消费量的比例（％）

年份	2011	2012	2013	2014	2015	2016	2017	2018	2019	2020
占亚太	5.30	5.59	5.25	5.01	5.37	5.20	5.00	5.03	4.92	5.30
占世界	3.65	4.00	3.80	3.67	3.91	3.83	3.70	3.74	3.68	4.07

马来西亚乳胶制品行业消耗的天然橡胶最多，其次才是轮胎行业、普通橡胶制品行业和工业橡胶制品行业。2011—2020 年马来西亚分行业天然橡胶消费量数据如表 3-30。

表 3-30　2011—2020 年马来西亚分行业天然橡胶消费量数据

单位：万吨

年份	2011	2012	2013	2014	2015	2016	2017	2018	2019	2020
轮胎行业	5.76	5.65	5.32	7.06	9.06	9.58	7.90	6.61	6.66	6.22
胶鞋行业	0.12	0.14	0.15	0.10	0.08	0.10	0.08	0.08	0.09	0.06
乳胶制品	50.42	56.32	60.61	66.08	73.49	74.93	79.41	85.50	86.39	95.01
普通橡胶制品	4.50	5.93	4.33	4.37	4.52	4.07	4.11	3.95	3.79	3.22
工业橡胶制品	1.99	1.96	2.08	2.45	2.21	1.83	2.05	2.45	2.19	2.13

（七）韩国

韩国是亚太地区第七大天然橡胶消费国，也是世界上第九大天然橡胶消费国。韩国天然橡胶消费主要集中在轮胎行业，其天然橡胶主要从印度尼西亚、泰国进口，2011—2020 年韩国天然橡胶消费量及其占亚太地区、世界消费的比例情况如表 3-31。

表 3-31　韩国天然橡胶消费量及其占亚太地区、世界消费的比例情况

单位：万吨、%

年份	2011	2012	2013	2014	2015	2016	2017	2018	2019	2020
消费量	40.15	39.63	39.60	40.21	38.77	38.13	38.43	36.70	35.42	29.75
占亚太	5.29	5.02	4.79	4.50	4.38	4.08	3.93	3.58	3.48	3.05
占世界	3.64	3.59	3.46	3.30	3.19	3.01	2.91	2.67	2.60	2.34

2020 年全球轮胎 75 强排行榜中，韩国入围 4 家，实力相对雄厚，韩泰轮胎排名第 7 位，锦湖轮胎排名第 18 位，耐克森轮胎排名第 19 位，Hung-A 公司排名第 71 位，这 4 家公司 2019 年的销售额为 97.15 亿美元。

三、亚太地区供需比较

（一）天然橡胶年消费量超过 100 万吨的国家

亚太地区天然橡胶年消费量超过 100 万吨的国家主要有中国和印度，2020 年中国天然橡胶消费量达 543.99 万吨，而国内产量仅 68.76 万吨，自给率仅为 12.64%，缺口主要从泰国、马来西亚、印度尼西亚和越南进口；2020 年印度天然橡胶消费量达 103.76 万吨，国内产量为 67.89 万吨，自给率高达 65.43%，缺口主要从越南、马来西亚、泰国和印度尼西亚进口。近年来，中国、印度天然橡胶的消费量在波动中呈现增加趋势，供需缺口越来越大，表 3-32 列举了中国、印度 2011—2020 年天然橡胶消费供需情况。

表 3-32　2011—2020 年中国、印度天然橡胶消费供需情况

单位：万吨

年份	2011	2012	2013	2014	2015	2016	2017	2018	2019	2020
中国	−291.09	−309.5	−340.5	−396.39	−388.6	−420.82	−450.32	−469.38	−472.35	−475.23
印度	−6.47	−6.87	−16.56	−31.03	−41.2	−40.95	−36.92	−56.01	−44.16	−35.87

注：该表中供需仅考虑产量、消费量，不考虑进出口量，"−"表示缺口。

（二）天然橡胶年消费量超过 50 万吨的国家

亚太地区天然橡胶年消费量超过 50 万吨而小于 100 万吨的国家有泰国、日本、印度尼西亚和马来西亚，其中日本是不生产天然橡胶的国家，所消耗的天然橡胶全部依靠进口，主要从泰国、印度尼西亚、马来西亚和越南进口；泰国、印度尼西亚和马来西亚既是天然橡胶出口国家，也是天然橡胶进口国家，所生产的天然橡胶在满足国内消费的同时通过进出口来调剂国内天然橡胶的供应量。出口方面，主要是出口到中国、韩国、日本、欧盟和美国等国家，进口方面，主要是这些产胶大国之间相互进口，表 3 - 33 列举了泰国、印度尼西亚和马来西亚 2011—2020 年天然橡胶消费供需情况。

表 3 - 33　2011—2020 年泰国、印度尼西亚和马来西亚天然橡胶消费供需情况

单位：万吨

年份	2011	2012	2013	2014	2015	2016	2017	2018	2019	2020
泰国	308.2	327.3	364.9	378.3	387.27	386.91	408.97	439.34	410	374.2
印度尼西亚	252.18	255.03	272.81	261.36	263.6	271.48	289.14	286.81	247.48	222.61
马来西亚	59.4	48.14	39.24	22.12	24.68	18.73	25.19	8.78	13.85	−0.32

注：该表中供需仅考虑产量、消费量，不考虑进出口量，"−"表示缺口。

总体上来说，亚太地区既是天然橡胶生产的主要区域，也是天然橡胶消费的主要区域，近年来亚太地区天然橡胶产量在波动中逐年增加，消费量也呈现同样的趋势，表 3 - 34 列举了亚太地区 2011—2020 年天然橡胶消费供需情况。

表 3 - 34　2011—2020 年亚太地区天然橡胶消费供需情况

单位：万吨

年份	2011	2012	2013	2014	2015	2016	2017	2018	2019	2020
供给盈余	287.2	295.7	314.5	231.49	249.86	221.07	256.85	242.69	207.35	162.92

注：该表中供需仅考虑产量、消费量，不考虑进出口量。

四、亚太地区重点国家发展条件

（一）泰国

泰国是东南亚心脏地带的热带国家，主要有四个自然区域：北部山区丛

林、中部平原的广阔稻田、东北部高原的半干旱农田，以及南部半岛的热带岛屿和较长的海岸线，而国境线大部分为低缓的山地和高原。属于热带季风气候，全年高温，优越的自然环境为种植橡胶树提供了基础条件。2019 年农业劳动力 1 182.1 万人，占全国人口的 17% 左右，但占全国劳动力比例仅为 9.40%；林地面积 1 991 万公顷，可用水资源总量 4 100 亿立方米/年，丰富的林地、劳动力资源非常适宜发展天然橡胶劳动密集型产业。

泰国发布了《二十年农业与合作战略（2017—2036）》以及《第十二个国民经济和社会发展规划（2017—2021）》框架下的《五年农业规划（2017—2021）》，在此背景下，泰国内阁启动天然橡胶产业二十年规划，指导国家天然橡胶产业今后的发展方向和产业相关问题的解决办法及出路，以促进国家天然橡胶产业提档升级，为天然橡胶市场和管理建立有效机制。根据国家天然橡胶产业二十年发展规划规定，即要在 2036 年完成规划制定的相关目标，包括国内橡胶种植面积要从 2016 年时的 2 330 万莱，减少为 1 840 万莱；提高单位面积产量，从 2016 年时的每莱平均产量 224 千克，提高到每莱 360 千克；要将橡胶园的收入水平从 2016 年时的每莱 1.198 4 万泰铢，提高到每莱 1.98 万泰铢；增加天然橡胶出口价值，从原来每年 2 500 亿泰铢，提高到每年 8 000 亿泰铢；增加国内使用天然橡胶数量的比重，从 2016 年时的 13.6%，提高到 35%。要完成国家天然橡胶产业二十年规划的工作内容，努力实施五个策略，包括让橡胶种植农民和橡胶种植园的生产经营更加稳固，提高生产效率和质量标准规范，加强研发和创新，拓展天然橡胶市场和销售渠道，健全支持天然橡胶产业发展的法规和人力资源等要素。

2021 年 4 月，泰国立法规范橡胶育苗相关贸易活动，严格限制橡胶树苗、橡胶种子、压条或其他能被用于橡胶育苗育种部分的出口，禁止在没有获得授权批准的情况下一切与橡胶育苗相关的进出口贸易活动。此外为应对新冠肺炎疫情冲击、天然橡胶产业市场价格持续低迷的影响，泰国政府启动天然橡胶差价补贴计划，暂缓实施天然橡胶出售计划等措施。天然橡胶差价补贴计划是一种价格保护措施，按照该补贴计划，胶农的优质天然橡胶保证价为每千克 60 泰铢，乳胶为每千克 57 泰铢，块状胶为每千克 23 泰铢。另外，规定每 1 600 平方米的橡胶园，最高补贴金额为 240 泰铢/千克，且每位胶农最高申请量为 40 000 平方米。暂缓实施天然橡胶出售计划的宗旨是减少流入市场的天然橡胶数量，让胶农在等待出售天然橡胶过程中有足够的流动资金，并在市场机制下有序竞争，降低天然橡胶价格的波动维持其稳定性，提高天然橡胶贸易市场的价格，在市场机制下有序竞争。其目的是让在橡胶管理局登记的橡胶组织负责会员的橡胶管理工作，目前加入该计划的一共有 79 个橡胶组织，会员达到 45 800 人。

（二）印度尼西亚

印度尼西亚地处亚洲东南部，地跨赤道南北，属于热带雨林气候，终年湿热多雨，各地平均气温多在 25℃左右，月温差较小，印度尼西亚雨量非常充沛，北部受北半球季风影响，7—9 月降水量丰富，南部受南半球季风影响，12 月、1 月、2 月降水量丰富，年降水量 1 600～2 200 毫米，无四季分别。高温多雨的气候条件非常有利于橡胶树的生长，是世界最主要的适宜种植橡胶树的国家之一。2019 年农业劳动力 3 692.6 万人，占全国人口的 14％左右，占全国劳动力比例为 13.50％；林地面积 9 271.2 万公顷，丰富的林地、劳动力资源非常适宜发展天然橡胶劳动密集型产业。

2019 年，印度尼西亚联合泰国、马来西亚，实施"出口吨位计划"，减少天然橡胶出口量 9.8 万吨。

2020 年 5 月 6 日，印度尼西亚公共工程和公共住房部已拨款 1 250 亿卢比（约 820 万美元），直接从胶农种植园购买 10 000 吨橡胶和 800 吨胶水，以应对公共卫生事件所带来的需求减少、价格下跌所造成的影响。据了解 1 000 亿卢比用于购买橡胶，用于国家道路建设项目的沥青混合料；250 亿卢比用于购买胶水，用于路标油漆混合物。

（三）越南

越南拥有种植橡胶树的先天有利条件，包括气候、土壤、光热条件等。越南东南部到中部高原的部分谷地及高原南侧和东侧的山脚地带，主要是玄武岩风化的红土区，土层深厚，土壤肥沃，富含矿物质，排水性和保水性良好，就土壤条件而言，是东南亚乃至世界植胶区中最良好的环境。2019 年越南农业劳动力 1 486.24 万人，占全国人口的 16％左右，占全国劳动力比例为 7.41％；林地面积 1 452.68 万公顷，丰富的林地、劳动力资源非常适宜发展天然橡胶劳动密集型产业。

2015 年 3 月，越南加入包括泰国、马来西亚和印度尼西亚在内的区域现货天然橡胶市场。同时参与建立"东盟橡胶理事会"计划，通过合作稳定橡胶市场和提高胶农的生活条件。

2019 年 5 月 29 日，越南橡胶工业集团在胡志明市举行 2019—2024 年可持续发展计划公布仪式。在 2019—2024 年，集团将申请 FSC 森林认证，恢复 2 万公顷森林面积并与橡胶种植区相结合。与此同时建设橡胶木合法性验证系统，提升企业社会责任、环境保护责任，提高经济效益，确保有关各方利益和谐。

(四)印度

印度是南亚次大陆最大的国家，从喜马拉雅山向南，一直伸入印度洋，北部是山岳地区，中部是印度河——恒河平原，南部是德干高原及其东西两侧的海岸平原。平原约占总面积的 40%，山地占 25%，高原占三分之一，但这些山地、高原大部分海拔不超过 1 000 米。低矮平缓的地形不仅交通方便，而且在热带季风气候及适宜农业生产的冲积土和热带黑土等肥沃土壤条件的配合下，农作物一年四季均可生长，发展天然橡胶产业有着得天独厚的自然条件。2019 年印度农业劳动力 15 108.27 万人，占全国人口的 11% 左右，占全国劳动力比例为 2.13%；林地面积 7 189.36 万公顷，特别是非传统植胶区，尚存在大量的林地资源可供开发利用发展天然橡胶产业，丰富的林地、劳动力资源非常适宜印度发展天然橡胶劳动密集型产业。

为保护国内胶农利益，自 2015 年 6 月 1 日起，印度将天然橡胶进口关税由 20% 上调至 25%。

2018 年 9 月 26 日，印度进口关税措施开始生效。本次关税调整提高了部分进口商品的关税，其中涉及橡胶行业的有乘用车胎，由 10% 提高到 15%。2018 财年开始，印度政府对从中国进口的卡客车胎征收反倾销税，税率从 10% 调整为 15%。

2021 年 1 月 5 日，印度商工部发布公告，印度财政部税收局未接受印度商工部于 2020 年 12 月 22 日对原产于或进口自中国和俄罗斯的橡胶用炭黑继续征收反倾销税的建议，决定终止对上述国家继续实施反倾销措施。

（五）马来西亚

马来西亚位于赤道附近，全年气温在 25～30℃，雨量充沛，气候条件适宜热带作物的生长，特别是天然橡胶。但由于近些年马来西亚受到了极端天气的影响，胶园更新换代速度缓慢、再植放缓，大量胶农改种油棕等因素的影响，导致天然橡胶产量大幅下跌。2019 年马来西亚农业劳动力 154.11 万人，占全国人口的 5% 左右，占全国劳动力比例为 5.97%；林地面积 1 918.41 万公顷，丰富的林地、劳动力资源能够为天然橡胶产业竞争力的提升提供支撑保障。

2015 年 1 月马来西亚推出了天然橡胶生产补贴计划，并于 9 月提高了津贴标准，当 20 号标准胶跌破每千克 5.1 林吉特时，橡胶小园主可以申请天然橡胶生产补贴。另外，政府自 2016 年 1 月起花费高达 2 亿林吉特用于补贴和奖励橡胶种植小户，如果天然橡胶价格低于 5.5 林吉特/千克，政府对农民提供现金补贴。

马来西亚橡胶局（MRB）宣布，2021 年 5 月启动针对沙巴州和砂拉越州小农的橡胶生产津贴（IPG），沙巴州的补贴为每千克 5 仙，而砂拉越州则为每千克 10 仙，小农户可以根据 2021 年 5 月的产量提出 IPG 申请。

第四章 欧洲、中东和非洲天然橡胶 生产消费重点国家

一、非洲天然橡胶生产国

（一）科特迪瓦

科特迪瓦从 19 世纪末开始从橡胶树中提取天然乳胶，1898 年首次引种三叶橡胶树。19 世纪末 20 世纪初，科特迪瓦已经在蒂亚萨莱、达布等省区建立起了小型橡胶园。1960 年独立时，科特迪瓦全国天然橡胶的种植面积约 8 000 公顷，80 年代初增至 5 万公顷，到 1998 年达 8.8 万公顷，其中 4.4 万公顷属于非洲橡胶种植公司，4.4 万公顷系乡村橡胶林，每公顷生产天然胶 1.5～2 吨，从业人员约 6 000 人，主要集中在西南部地区。1942 年科特迪瓦成立了第一个非洲橡胶研究所（IRCA），1992 年改名为科特迪瓦林业发展研究所（IDEFOR-DPL）。该研究所在遗传育种、栽培技术、植物病理、割胶生理、橡胶加工上取得了显著的成效。科特迪瓦独立初期年产量仅为 1 000 吨，1994 年达 5 万吨，1999 年增至 11 万吨，2015 年产量达 33.76 万吨。2020 年科特迪瓦橡胶面积达到 65 万公顷，其中大型种植园面积约为 5 万公顷，小农户胶园面积约为 60 万公顷。2020 年天然橡胶产量 93.10 万吨，全部出口，主要出口到马来西亚、中国、美国、德国、西班牙、比利时、波兰、印度、法国等国家，出口额约占科特迪瓦出口贸易总额的 2%。2011—2020 年科特迪瓦天然橡胶产量、出口量如图 4-1 所示。

（二）利比里亚

天然橡胶产业是利比里亚最重要的农业产业，利比里亚是非洲最早种植橡胶的国家之一。自 20 世纪 30 年代费尔斯通公司在利比里亚引进橡胶种植

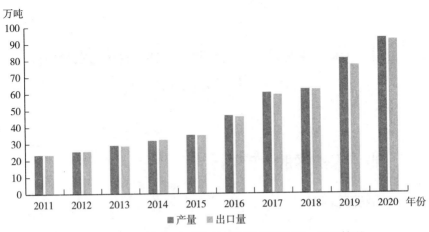

图 4-1　2011—2020 年科特迪瓦天然橡胶生产、出口情况

业以来，橡胶种植业一直是利比里亚经济中最大的一个部门，到了 60 年代才被铁矿石开采业超过。1981 年，利比里亚橡胶出口总值为 8 670 万美元，占全国出口总值的 16%，占国内生产总值的 6%。同年，利比里亚的天然橡胶出口到 11 个国家，占前 3 位的国家分别是美国（占 72%）、法国（占 9%）和墨西哥（占 7%）。内战使利比里亚的天然橡胶生产受到了严重破坏。根据国际橡胶研究小组得出的数据，1994 年利比里亚天然橡胶产量跌至 1 万吨。战后初期，天然橡胶生产恢复较快，1997 年产量已达 4.9 万吨。此后，因当地生产面临许多困难，加之受亚洲经济危机的影响，天然橡胶生产的恢复速度放慢。亚洲经济危机使得利比里亚天然橡胶的出口价几乎下降了 50%。根据利比里亚中央银行的统计，2001 年开始利比里亚的天然橡胶总产量已超过 11 万吨，天然橡胶出口额超过 6 700 万美元，已经恢复到了内战前的水平。利比里亚有 5 家规模较大的天然橡胶种植园，分别是费尔斯通天然橡胶公司种植园、利比里亚农业合作公司种植园、Cavalla 橡胶种植园、Guthrie 橡胶种植园和 Sinoe 橡胶种植园。利比里亚禁止未经加工的天然橡胶出口，该禁令旨在抑制利比里亚本土橡胶加工量下滑的趋势，拉动就业和增加政府财政收入。利比里亚天然橡胶消费业缺乏，所生产的天然橡胶初加工品均全部供出口。2011—2020 年利比里亚天然橡胶产量、出口量如表 4-1。

表 4－1 2011—2020 年利比里亚天然橡胶产量、出口量数据

单位：万吨

年份	2011	2012	2013	2014	2015	2016	2017	2018	2019	2020
产量	6.45	6.4	6.88	5.99	5.86	6.05	6.3	7.54	8.94	8.92
出口量	6.45	6.4	6.88	5.99	5.86	6.05	6.3	7.54	8.94	8.92

（三）尼日利亚

尼日利亚的橡胶商业化生产始于 19 世纪末，1940 年就建立了大规模的橡胶种植园，该国橡胶工业为国民经济发展提供了重要支持。该行业不仅为农业企业提供所需的原材料，提供收入来源，还为该国提供大量就业机会。尼日利亚西南部地区交通便利、路网发达，适于选址，开发种植热带作物。除了交通便利，该地区自然条件也较为优越，耕地辽阔，适于种植橡胶树，也可为橡胶加工厂提供源源不断的生胶原料。取得土地后即可通过购买、移植和种植将之开发成橡胶种植园。当前，天然橡胶依然是继石油、毛皮、可可之后尼日利亚第四大创汇产品。1990 年，尼日利亚成为非洲最大的橡胶生产国，后来被科特迪瓦取代。但由于树木老化，新植树木没有跟进，尼日利亚天然橡胶的产量逐年下降，产能已经由过去的 13 万吨降至 6 万～6.5 万吨。另外，受二手、走私轮胎进口冲击，高企的电力成本等商业环境恶化的影响，2007—2008 年，在尼日利亚的法国米其林和 DUNLOP 轮胎厂相继关张，致尼日利亚国内橡胶需求大幅下降，影响橡胶种植者的积极性。但据国际橡胶组织（IRSG）统计预测，全球天然橡胶的年供需缺口近 110 万吨，尼日利亚加大橡胶种植与加工，业界呼吁政府重新重视、振兴橡胶业的发展。2011 年尼日利亚天然橡胶面积 18.20 万公顷，开割面积 6.15 万公顷，产量 5.53 万吨；2020 年天然橡胶面积约 20 万公顷，开割面积 6 万公顷，产量 5.42 万吨，10 年间几乎没有变化。规模较大的橡胶种植园占全国橡胶种植面积的 1/3，小农户种植的橡胶园占到全国橡胶种植面积的 2/3。尼日利亚国内天然橡胶消费量非常小，主要供出口，出口国家有西班牙、法国、中国、意大利、荷兰、南非、德国等国家，2019 年出口到西班牙的天然橡胶占尼日利亚全部天然橡胶出口量的

21.65%，出口到法国的天然橡胶占比为 18.63%，出口到中国和意大利的占比相差不大，分别为 9.17%、8.87%。2011—2020 年尼日利亚天然橡胶产量、消费量和出口量如图 4-2 所示。

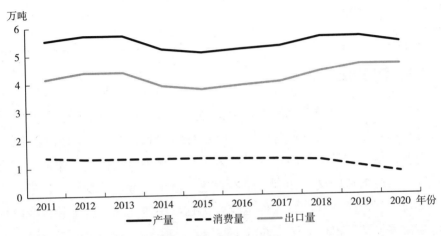

图 4-2 2011—2020 年尼日利亚天然橡胶生产、消费、出口情况

（四）喀麦隆

喀麦隆橡胶树大规模商业种植始于 20 世纪 60 年代，70 年代开展大规模种植，种植面积约 2 万公顷。90 年代初开始得到稳定发展，种植面积约 4 万公顷，天然橡胶产量约 4 万吨，1999 年达到 5.5 万吨，此后发展迟缓。橡胶种植产地主要分布在南部大区、中部大区、东部大区、西南大区和滨海大区。2001 年以后一直保持在 6 万吨左右，2009 年成立橡胶种植者全国联盟，已发展橡胶种植成员 1 200 余名，联盟橡胶产量占喀麦隆全国橡胶总产量的 5%。2015 年面积达到 6.8 万公顷，产量下降至 5.41 万吨，产量占非洲总产量的 9.4%。2020 年喀麦隆天然橡胶产量 4.7 万吨，占非洲总产量的 3.88%。在喀麦隆从事橡胶种植和经营的三大企业为喀麦隆发展公司、喀麦隆埃维有限公司和喀麦隆棕榈公司。而值得关注的是，南方橡胶公司园区位于喀麦隆南部大区，由中化国际投资建设，占地 45 000 公顷，2012 年开始开发，目前已开发 7 500 公顷。喀麦隆天然橡胶消费较少，所生产的天然橡胶初加工品均全部供出口，主要出口对象国有美国、比利时、西班牙、德

国、意大利、荷兰、法国、中国等，出口美国的天然橡胶约占全部出口量的五分之一，以 2017 年的出口量为例，出口美国占比为 22.16%，出口比利时占比为 13.81%，出口德国占比为 12.46%，出口西班牙占比为 9.72%，出口意大利占比为 9.53%，出口荷兰占比为 9.48%。2011—2020 年喀麦隆天然橡胶产量、出口量如表 4-2。

表 4-2　2011—2020 年喀麦隆天然橡胶产量、出口量数据

单位：万吨

年份	2011	2012	2013	2014	2015	2016	2017	2018	2019	2020
产量	2.01	1.97	1.97	2	1.97	2.05	2.12	2.33	2.47	2.37
出口量	2.01	1.97	1.97	2	1.97	2.05	2.12	2.33	2.47	2.37

（五）加蓬

加蓬的橡胶种植始于 1981 年，加蓬政府成立加蓬橡胶公司，当时的注册资本为 5.5 亿非洲法郎，约合 200 万美元，政府占 99.9% 的股份，而加蓬橡胶依托加工企业建有较大规模的生产基地。目前，加蓬橡胶公司共有 3 个种植园，种植面积总计约 9 000 多公顷。最大的橡胶种植园位于 MITZIC 地区北部（沃勒—恩特姆省），面积为 5 050 公顷；另两个种植园的面积均为 2 000 公顷，分别位于 BITAM 地区（沃勒—恩特姆省）及 KANGO-EKOUK 地区（河口省）；另外，加蓬橡胶公司在上述地区发动村民以家庭为单位种植橡胶。加蓬橡胶公司下属的橡胶厂 MITZIC，设计年产能力为 10 000～12 000 吨。该厂自 1993 年建立投产以来产量逐年上升，从当年的 1 742 吨升至 1998 年的 10 963 吨（1994 年 3 037 吨、1995 年 4 878 吨、1996 年 7 202 吨，1997 年 10 098 吨）。但自 1998 年以后，政府停止了对橡胶公司的补贴，造成从 1999 年起天然橡胶产量直线下降，1999 年降为 3 677 吨，2000 年更是降至 2 363 吨。加蓬天然橡胶出口市场主要是在欧洲（法国、意大利、荷兰、德国、葡萄牙、西班牙、比利时、希腊）、美洲、南非以及新加坡等地。2011—2020 年加蓬天然橡胶产量如表 4-3。

表 4-3　2011—2020 年间加蓬天然橡胶产量、出口量数据

单位：万吨

年份	2011	2012	2013	2014	2015	2016	2017	2018	2019	2020
产量	5.61	5.51	5.50	5.50	5.20	5.00	5.30	4.82	4.77	4.72
出口量	5.61	5.51	5.50	5.50	5.20	5.00	5.30	4.82	4.77	4.72

（六）加纳

加纳西部省、中部省和北方省的一部分是橡胶树的传统种植地。最初加纳橡胶树种植面积只有 6 475 公顷，年产量约 500 吨。在第二次世界大战期间，马来西亚的天然橡胶在国际市场上消失，加纳的天然橡胶曾经红火一时，不过战后很快就衰退了。加纳种植橡胶很有潜力，产品主要用于出口，主要出口到马来西亚、美国、西班牙、加拿大、印度、波兰、德国、法国等国家，2019 年出口到马来西亚的天然橡胶占加纳天然橡胶出口量的 37.93%，出口到美国的占比为 25.31%，出口到西班牙的占比为 7.69%。2015 年加纳天然橡胶种植面积达到 5.8 万公顷，大种植园面积 1.51 万公顷，小农户种植面积 4.29 万公顷；开割面积 2.38 万公顷，占比 41.03%。加纳的主要橡胶生产企业是法资加纳橡胶领军企业 Ghana Rubber Estate Limited（GREL），引领国内天然橡胶生产、加工。2011—2020 年间加纳天然橡胶产量、出口量如表 4-4。

表 4-4　2011—2020 年加纳天然橡胶产量、出口量数据

单位：万吨

年份	2011	2012	2013	2014	2015	2016	2017	2018	2019	2020
产量	1.56	1.74	1.68	2.64	3.07	3.55	3.7	4.13	4.22	4.1
出口量	1.56	1.74	1.68	2.64	3.07	3.55	3.7	4.13	4.22	4.1

二、欧洲、中东和非洲主要天然橡胶消费国

欧洲、中东和非洲已经成为天然橡胶消费的第二大区域，尤其是欧洲，欧盟 27 国的消费量占到该区域消费量的 70% 左右，该区域中主要消费国有

德国、西班牙、意大利、俄罗斯联邦、土耳其等国家，年消费量均在 10 万吨以上。

（一）土耳其

土耳其已经超过德国，成为欧洲、中东和非洲区域第一大天然橡胶消费国，也是世界上第 11 大天然橡胶消费国。近年来天然橡胶消费量总体上呈现上升趋势，2020 年度全球轮胎 75 强排行榜中入围 3 家，普利司通—萨巴奇轮胎位列第 40 位，其次是 Petlas 轮胎位列第 50 位，OZKA 轮胎位列第 73 位。2020 年天然橡胶消费量为 20 万吨，占该区域天然橡胶消费量的 13.13%，占世界消费量的 1.58%。

（二）德国

德国是欧洲、中东和非洲区域第二大天然橡胶消费国，也是世界上第 12 大天然橡胶消费国。德国有 4 个与橡胶工业相关的协会，分别是德国橡胶制造商协会、德国橡胶工业雇主协会、德国橡胶学会和德国橡胶研究院。德国橡胶制品主要包括轮胎、输送带、传动带、胶管、密封制品、模压制品等，产品应用在不同行业，一半左右消耗在汽车行业。近年来天然橡胶的消费总体上呈现下降趋势，2020 年度全球轮胎 75 强排行榜中德国仅入围 1 家，大陆轮胎位列第 4 位。2020 年德国天然橡胶消费量占该区域天然橡胶消费量的 10.99%，占世界消费量的 1.32%。

（三）西班牙

西班牙是欧洲、中东和非洲区域第三大天然橡胶消费国，也是世界上第 13 大天然橡胶消费国。近年来的西班牙天然橡胶消费量相对较稳定，波动幅度不大，2011 年消费量为 16.47 万吨，2020 年为 16.31 万吨。2020 年的消费量占该区域天然橡胶消费量的 10.71%，占世界消费量的 1.28%。

（四）俄罗斯联邦

俄罗斯联邦是欧洲、中东和非洲区域第四大天然橡胶消费国，也是世界上第 14 大天然橡胶消费国。俄罗斯只有 10 余家轮胎厂，年产能为乘用车胎

5 000 万条、卡客车胎 1 400 万条。从 2018 年开始，由于政治环境稳定，汽车、轮胎市场逐步复苏。2020 年度全球轮胎 75 强排行榜中俄罗斯仅入围 2 家，卡迪安特位列第 13 位，Nizhnekamskshina 位列第 64 位。近年来天然橡胶的消费量总体上呈现上升趋势，2020 年为 11.22 万吨，占该区域天然橡胶消费量的 7.37％，占世界消费量的 0.88％。

（五）意大利

意大利是欧洲、中东和非洲区域第五大天然橡胶消费国，也是世界上第 16 大天然橡胶消费国。2020 年度全球轮胎 75 强排行榜中意大利仅入围 2 家，倍耐力位列第 6 位，Prometeon 轮胎集团位列第 41 位。意大利近年来天然橡胶的消费量呈现缓慢下降趋势，2020 年消费量为 10.44 万吨，占该区域天然橡胶消费量的 6.85％，占世界消费量的 0.82％。

（六）波兰

波兰是欧洲、中东和非洲区域第六大天然橡胶消费国，天然橡胶消费量排列世界第 18 位。波兰轮胎协会成立于 2013 年，会员有阿波罗、普利司通、大陆、固特异、韩泰、米其林、倍耐力和特瑞堡等轮胎生产商。目前波兰有 4 个轮胎厂，日产轮胎达 10 万条。非轮胎橡胶产品主要包括汽车配件、胶管、输送带、橡胶垫、鞋底、履带、翻胎等。把轮胎包括在内，整个橡胶行业产品生产的比例是：轮胎占 60％，橡胶制品占 30％，输送带占 6％，其他产品占 4％。近年来，波兰天然橡胶消费量波动不大，维持在 10 万吨左右。2020 年天然橡胶消费量为 9.82 万吨，占该区域天然橡胶消费量的 6.45％，占世界天然橡胶消费量的 0.77％。

（七）法国

法国是欧洲、中东和非洲区域第七大天然橡胶消费国，天然橡胶消费量世界排名第 20 位。2020 年度全球轮胎 75 强排行榜中法国仅入围 1 家，米其林位列第 1 位，2019 年销售额为 250 亿美元，占全球轮胎销售额的 15％左右。近年来法国天然橡胶的消费量在波动中呈现下降趋势，2020 年为 8.66 万吨，占该区域天然橡胶消费量的 5.69％，占世界消费量的 0.68％。

2011—2020 年土耳其、德国、西班牙、俄罗斯、意大利、波兰、法国天然橡胶消费情况如表 4-5。

表 4-5　2011—2020 年土耳其、德国、西班牙、俄罗斯联邦、
意大利、波兰、法国天然橡胶消费量

单位：万吨

年份	2011	2012	2013	2014	2015	2016	2017	2018	2019	2020
土耳其	14.59	12.64	13.45	14.85	15.56	15.69	17.60	20.03	19.82	20.00
德国	27.61	23.77	24.65	22.74	21.93	22.56	23.88	23.2	20.65	16.73
西班牙	16.47	14.25	14.16	16.61	16.8	16.26	18.35	17.54	18.17	16.31
俄罗斯	5.68	6.39	7.64	7.46	8.94	10.56	11.75	12.5	12.65	11.22
意大利	11.53	9.32	9.56	10.41	11.87	12.84	13.13	12.92	12.52	10.44
波兰	11.22	9.80	10.24	11.39	9.70	9.52	10.35	11.03	11.24	9.82
法国	16.32	13.99	12.31	12.34	13.04	12.76	12.87	12.15	10.88	8.66

三、欧洲、中东和非洲供需比较

近年来欧洲、中东和非洲天然橡胶产量逐年上升，2020 年达 122.27 万吨，但消费量波动较大，2020 年为 152.3 万吨。该区域内欧洲、中东均不生产天然橡胶，欧洲、中东所消费的天然橡胶全部依靠进口。该区域天然橡胶自给量总体不足，但是自给率呈现上升趋势，主要是因为非洲国家天然橡胶产量在增长，产量大于消费量，大都出口到欧洲、中东国家，2011—2020 年天然橡胶供需情况如表 4-6。

表 4-6　欧洲、中东和非洲地区 2011—2020 年天然橡胶供需情况

单位：%、万吨

年份	2011	2012	2013	2014	2015	2016	2017	2018	2019	2020
自给率	28.22	33.51	36.30	36.22	37.23	43.71	50.04	51.06	64.40	80.28
供给盈余	119.8	−98.6	−94.6	−99.05	−100.23	−92.57	−86.46	−86.66	−61.119	−30.03

四、非洲重点国家发展条件

非洲天然橡胶产量约占世界产量的 6%，科特迪瓦、利比里亚、尼日利

亚、喀麦隆、加纳和加蓬被认为是非洲前五大天然橡胶生产国。

（一）科特迪瓦

科特迪瓦天然橡胶产业发展迅速，目前已经成为非洲第一、世界第四大天然橡胶生产国。2020 年产天然橡胶 93 万吨，占非洲产量的 76.14%，占世界产量的 7.33%。2014 年 4 月 1 日科特迪瓦在科达布地区举行了达布橡胶加工厂开工仪式，这是科特迪瓦第一个本土橡胶加工项目，巴博总统等科特迪瓦主要政府官员专程出席，足显国家对天然橡胶产业的重视。2016 年，科特迪瓦政府进一步推进橡胶和棕榈产业改革，积极改善投资环境，对外商投资制定了较多的优惠政策，专门制订了天然橡胶产业发展规划。科特迪瓦总理帕特里克·阿奇（Patrick Achi）表示，科特迪瓦到 2025 年将初级橡胶加工率将达到 100%，并同时发展二次加工，到 2025 年天然橡胶产量要翻一番，达到 200 万吨。

科特迪瓦的天然橡胶主要来自于小农户，典型的橡胶种植户一般拥有 2 000 棵左右的橡胶树，小农户种植的橡胶树占到全部橡胶树的 80%，其余为大型种植园。多年来科特迪瓦政府给予橡胶种植不懈扶持，该国橡胶树种植面积不断增加，2020 年种植面积接近 70 万公顷，开割面积接近 40%。科特迪瓦小农户的胶园一般年产量可达到 1.8 吨/公顷，相对其他农产品的单位面积产量较高，大型种植园的单位面积产量可达到 2.2 吨/公顷，胶园开始开割后，仅需在化肥、农药上投入少量资金，除了停割季节，其余时间对胶农来说，收入相对稳定。

科特迪瓦天然橡胶产业管理机构 APROMAC 借助一些橡胶产业发展基金，按照 50% 的价格，大约 150～225XOF/棵提供给小农户 1～2 年的橡胶苗，等到胶树开割后，按照一定比例返还给 APROMAC，大大促进了当地农民进入天然橡胶行业。

科特迪瓦的天然橡胶产业主要集中在 SAPH、SOGB、TRCI 三家公司，SAPH 为科特迪瓦 SIFCA 集团公司从事天然橡胶业务的子公司，不但有橡胶种植园，也从小农户手中收购天然橡胶，掌控着科特迪瓦 40% 左右的天然橡胶资源。

（二）利比里亚

利比里亚属热带季风气候，年平均气温约 25℃，天然橡胶生产是利比里亚国民经济的主要支柱，均供出口，是利比里亚外汇收入的主要来源。天然橡胶是利比里亚面积仅次于水稻、可可、木薯的作物，种植面积排名第 4 位。利比里亚最大的种植园是乔治斯通公司（Bridgestone），于 1906 年建立，它是现在的费尔斯通公司（Firestone）的父辈公司，这家公司在利比里亚拥有世界上最大的工业用橡胶种植园。目前利比里亚橡胶林种植面积共约 40 万公顷，约占其国土面积的 36％，主要由 8 家橡胶种植公司和 1 000 多户当地个体种植者拥有。其中，美国费尔斯通橡胶公司（1988 年被日本普利司通公司并购）最大，拥有 28 万公顷橡胶园，在利比里亚种植橡胶，初加工并出口橡胶原材料已近百年。此外，当地小农户种植者共拥有约 8 万公顷橡胶林，所产橡胶原材料卖给 8 家橡胶公司进行初加工。近几年，利比亚领导人认识到国家不能过分依赖石油收入，提出发展多元经济的构想，每年从其财政收入中拨专款用于农牧业生产。2013 年 4 月，利比里亚总统签署第 50 号总统令，宣布禁止未经加工的天然橡胶出口。禁令旨在抑制利比里亚橡胶种植园产量下滑的趋势，增加产量，拉动就业和增加财政收入。

（三）尼日利亚

尼日利亚位于北纬 06°27′，东经 03°24′，属热带草原气候，总体高温多雨，年平均气温为 26～27℃。橡胶是尼日利亚紧随原油、生皮和可可之后的第四大创汇来源产品。但由于橡胶树木老化，新植树木没有跟进，尼日利亚天然橡胶的产量逐年下降。目前，尼日利亚的小农户和工业种植园拥有约 20 万公顷橡胶种植园。尼日利亚橡胶生产商、加工商和销售商协会（NARPPMAN）已呼吁联邦政府，将天然橡胶列为尼日利亚主要发展的经济作物之一，重新重视橡胶产业的发展。该协会计划在未来 10 年内，在全国 24 个州的 16 万公顷橡胶种植园中种植橡胶，以期创造 64 万个工作岗位。

（四）喀麦隆

喀麦隆位于非洲中西部，南与赤道几内亚、加蓬、刚果共和国接壤，东邻乍得、中非，西部与尼日利亚交界，属热带气候，全国年平均温度为 24℃，年平均降水量在 2 000 毫米以上，其土质、气候、地形等特点适宜天然橡胶的生长。喀麦隆政府已制定天然橡胶发展计划，拟大力发展天然橡胶生产。目前喀麦隆天然橡胶种植面积约 8 万公顷，主要的橡胶种植企业有：喀麦隆发展公司（Cameroon Development Corpration，CDC），在喀麦隆西南大区从事天然橡胶、香蕉、油棕榈等热带经济作物的种植、加工和出口；喀麦隆橡胶股份有限公司（Hévécam S. A.），新加坡 GMG Global 公司持股 90%（中化国际控股股份有限公司持有新加坡 GMG Global 公司 51% 的股权），现为喀麦隆最大的天然橡胶生产企业，在喀麦隆南部大区有橡胶园 5.9 万公顷；喀麦隆非洲林业与农业公司（Société africaine forestière et agricole du Cameroun，SAFACAM），总部设在滨海大区，为法国波洛雷集团的子公司，主要从事天然橡胶和油棕榈的种植和加工。

（五）加纳

农业是加纳国民经济的基础，农业人口占全国就业人数的 56.2%。加纳土地总面积为 2 385.39 万公顷，其中适合农业种植土地面积为 1 362.8 万公顷，占总土地面积的 57%，实际农业耕种面积为 530 万公顷。天然橡胶种植主要分布在北部省以南的一些省份，天然橡胶是非传统农业出口商品，产量居非洲前列。近年来加纳橡胶行业发展良好，政府将橡胶种植业作为创造就业和增加农民收入的主要渠道，并提供资金和技术支持，专门制订了天然橡胶产业发展规划。

（六）加蓬

加蓬位于非洲中部西海岸，横跨赤道，东、南与刚果共和国相连，北与喀麦隆接壤，西北与赤道几内亚毗邻。属热带雨林气候，炎热、潮湿，全年温差不大，平均温度为摄氏 26℃ 左右，适宜橡胶种植。2012 年总部设在新加坡的奥兰（Olam）国际公司和加蓬政府共同投资 1.83 亿美元组建 1 家合资公司，在加蓬开发橡胶种植园。加蓬橡胶种植，主要采用胶粮间作模式，在幼龄橡胶园间作木薯、芭蕉、旱稻、花生、玉米等作物。

第五章　美洲天然橡胶生产消费重点国家

一、美洲天然橡胶生产国

根据 FAO 的统计资料，美洲公布有橡胶种植面积或产量数据的国家有 8 个，分别是：巴西、哥伦比亚、哥斯达黎加、多米尼加共和国、厄瓜多尔、危地马拉、墨西哥、秘鲁。其中，巴西、危地马拉、墨西哥、厄瓜多尔、玻利维亚是主要天然橡胶生产国，占美洲天然橡胶总产量的 95% 以上，巴西、危地马拉两国的橡胶产量占美洲总产量的 85% 以上，是美洲最主要的两个产胶国。国际橡胶研究组织（IRSG）的统计显示，近年来美洲天然橡胶产量呈现缓慢上升趋势，2020 年美洲天然橡胶总产量为 35.0 万吨，占全世界总产量的 2.70%。主要天然橡胶生产国的情况如下：

（一）巴西

巴西是美洲第一大天然橡胶生产国，也是天然橡胶的发源国。巴西属于热带、亚热带气候，发展天然橡胶生产具有得天独厚的自然条件，种植橡胶具有悠久的历史，而且野生橡胶树资源十分丰富。19 世纪末巴西曾是世界上最大的天然橡胶生产和出口国家。目前巴西橡胶树种植主要分布在圣保罗州、亚马逊州、马托格罗索州和巴伊亚州，种植面积已经超过 25 万公顷，占美洲橡胶种植面积的 50% 以上，开割面积已经超过 15 万公顷，占巴西橡胶种植面积的 60% 以上。IRSG 统计，2020 年巴西天然橡胶产量世界排名第 10 位，为 19.14 万吨，产量同比增长 1.27%，占美洲总产量的 54.69%，占世界总产量的 1.48%。

（二）危地马拉

危地马拉国民经济以农业为主。农业产值占国内生产总值的四分之一，农产品出口额占出口总额的三分之二。主要出口咖啡、蔗糖、香蕉、服装、天然橡胶、石油、塑料制品、动植物油等产品。1940 年前后，危地马拉就通过美国农业部开始引进巴西橡胶树进行橡胶种植，大多数种植园都位于南部海岸。2019 年农业劳动力 220.86 万人，占全国人口的 12.90%，占全国劳动力的 25.41%；林地面积为 353.94 万公顷，丰富的劳动力、林地资源为危地马拉发展天然橡胶产业提供了强大的支撑。危地马拉是美洲第二大天然橡胶生产国，橡胶种植面积 11 万公顷，占美洲橡胶种植面积的 35% 以上，开割面积超过 8 万公顷，占危地马拉橡胶种植面积的 70% 以上。主要出口对象国为美国、中美洲国家、墨西哥、日本、加拿大、荷兰等。IRSG 统计，2020 年危地马拉天然橡胶产量世界排名第 12 位，为 10.91 万吨，产量同比增长 8.88%，占美洲总产量的 31.17%，占世界总产量的 0.84%。

（三）墨西哥

农业是墨西哥国民经济的支柱之一。2019 年农业劳动力 680.98 万人，占全国人口的 5.40%，占全国劳动力的 8.30%。林地面积为 6 581.98 万公顷。丰富的劳动力、林地资源为墨西哥发展天然橡胶产业提供了强大的支撑。农业主产区主要有锡那罗州、塔毛利帕斯州、萨卡特卡斯州和瓜纳华托州。墨西哥橡胶种植面积 3.0 万公顷，占美洲橡胶种植面积的 7% 以上，开割面积为 1.5 万公顷，占墨西哥橡胶种植面积的 50%。据 IRSG 统计，2020 年墨西哥天然橡胶产量 2.49 万吨，占美洲总产量的 7.11%，占世界总产量的 0.19%。

（四）哥伦比亚

农业是哥伦比亚国民经济的基础。2019 年农业劳动力 349.38 万人，占全国人口的 7.04%，占全国劳动力的 11.26%。林地面积为 5 934.05 万公顷。丰富的劳动力、林地资源为哥伦比亚发展天然橡胶产业提供了强大的支撑。据 IRSG 统计，2020 年哥伦比亚天然橡胶产量为 1.34 万吨，占美洲总产量的 3.83%，占世界总产量的 0.10%。

（五）玻利维亚

农业是玻利维亚经济的重要组成部分。玻利维亚农村人口 396 万，占总

人口的 38%，其中 333 万人从事农业生产活动。玻利维亚可利用耕地面积
890 万公顷，占国土面积的 8.1%。其中在耕地 276.7 万公顷，占国土面积
的 2.5%；熟荒地 67.6 万公顷，休耕地 95 万公顷，潜在耕地 450.7 万公顷。
丰富的农业劳动力、潜在的耕地资源为天然橡胶生产提供强大支撑。近年
来，玻利维亚的天然橡胶产业呈现衰退现象，其产量逐年下降。据 IRSG 统
计，2020 年玻利维亚天然橡胶产量 0.37 万吨，产量同比下降 15.91%，占
美洲总产量的 1.06%，占世界总产量的 0.03%。

2011—2020 年美洲天然橡胶主产国天然橡胶产量数据如表 5-1 所示。

表 5-1　2011—2020 年美洲天然橡胶主产国天然橡胶产量

单位：万吨

年份	2011	2012	2013	2014	2015	2016	2017	2018	2019	2020
巴西	16.62	17.15	18.69	19.33	19.25	19.01	18.40	18.50	18.90	19.14
危地马拉	8.85	9.44	9.36	9.64	9.08	8.74	10.02	10.24	10.02	10.91
墨西哥	1.46	1.51	1.51	1.51	1.51	1.51	1.81	2.17	2.60	2.49
哥伦比亚	1.06	1.08	1.08	1.11	1.14	1.18	1.20	1.26	1.30	1.34
玻利维亚	1.08	0.84	0.84	0.79	0.71	0.64	0.57	0.52	0.44	0.37

二、美洲主要天然橡胶消费国

据 IRSG 统计，2020 年美洲天然橡胶消费量 143.54 万吨，同比减少
17.47%，美洲消费量占全球总消费量的 11.30%。美洲天然橡胶消费量减
少，主要是由于新冠肺炎疫情的冲击，2020 年美国、巴西、墨西哥等国家
的轮胎厂、橡胶制品厂开工不正常，导致消费量下降。美洲地区天然橡胶主
要消费国有：美国、巴西、加拿大、墨西哥、阿根廷、哥伦比亚，其中
80%左右集中在美国和巴西。

(一) 美国

美国天然橡胶消费主要依靠进口，是美洲地区天然橡胶第一大消费国，
也是世界第三大消费国，近几年天然橡胶消费量基本稳定，维持在 100 万吨
左右。2020 年全球轮胎 75 强排行榜中，美国入围 5 家，其中固特异位列第

3位，2019年的销售额达136.90亿美元，其他分别是固铂轮胎橡胶、帝坦国际、Carlstar轮胎、特种轮胎。美国橡胶制造商协会（Rubber Manufacturers Association，RMA）成立于1915年，成立初期会员包括轮胎与非轮胎橡胶产品生产企业，目前RMA的会员仅包括轮胎生产企业，会员不多，但都是世界级的大轮胎企业，如普利司通、米其林、倍耐力、固特异等。

2020年美国消费天然橡胶81万吨，占美洲消费量的56.43%，占世界消费量的6.38%，消费量比上年减少19.34万吨。其中天然胶乳消费量3.63万吨，占美洲消费量的34.87%，占世界消费量的2.37%，消费量比上年减少0.92万吨。2011—2020年美国天然橡胶及天然胶乳消费量如表5-2所示。

表5-2　2011—2020年美国天然橡胶及天然胶乳消费量数据

单位：万吨

年份	2011	2012	2013	2014	2015	2016	2017	2018	2019	2020
天然橡胶	102.93	94.95	91.30	93.21	93.65	93.20	95.77	98.68	100.34	81.00
天然胶乳	4.55	4.07	4.31	4.66	4.67	4.50	5.20	4.56	4.55	3.63

（二）巴西

巴西是美洲第一大天然橡胶生产国，也是美洲第二大天然橡胶消费国，同时是世界第八大天然橡胶消费国。巴西约有10家轮胎制造商，包括普利司通、马牌、住友、固特异、米其林、倍耐力、Tita、Maggion、Rinaldi、Tortuga等，但产量几乎被跨国公司垄断。2020年巴西消费天然橡胶36.48万吨，占美洲消费量的25.42%，占世界消费量的2.87%，消费量同比减少9.14%。其中消费天然胶乳5.24万吨，消费量比上年增加0.13万吨，占美洲天然胶乳消费量的50.34%，占世界天然乳胶消费量的3.42%。2011—2020年巴西天然橡胶及天然胶乳消费量如表5-3所示。

表5-3　2011—2020年巴西天然橡胶及天然胶乳消费量

单位：万吨

年份	2011	2012	2013	2014	2015	2016	2017	2018	2019	2020
天然橡胶	38.16	34.34	40.90	42.16	39.80	41.17	39.46	39.79	40.15	36.48
天然胶乳	4.68	4.74	5.06	5.16	5.05	5.00	4.93	5.02	5.11	5.24

（三）加拿大

加拿大是美洲第三大天然橡胶消费国，2020年天然橡胶消费量世界排名第17位，所消费的天然橡胶全部依赖进口。加拿大橡胶协会成立于1920年，大的会员企业有30余家，包括轮胎生产企业会员、非轮胎橡胶产品生产商以及轮胎回收利用企业等。2020年加拿大消费天然橡胶10.14万吨，占美洲消费量的7.06%，占世界消费量的0.80%，消费量同比减少27.67%。2011—2020年加拿大天然橡胶及天然胶乳消费量如表5-4所示。

表5-4　2011—2020年加拿大天然橡胶及天然胶乳消费量

单位：万吨

年份	2011	2012	2013	2014	2015	2016	2017	2018	2019	2020
天然橡胶	14.37	13.81	12.64	12.67	12.87	11.87	12.55	13.94	14.02	10.14
天然胶乳	2.08	2.14	2.05	1.72	1.72	0.22	0.22	0.21	0.01	0.08

（四）墨西哥

墨西哥是美洲第四大天然橡胶消费国，2020年天然橡胶消费量世界排名第23位，墨西哥所消费的天然橡胶大都依赖进口，自给率大约在40%。2020年墨西哥消费天然橡胶6.74万吨，占美洲消费量的4.70%，占世界消费量的0.53%，消费量同比下降21.72%。2011—2020年墨西哥天然橡胶及天然胶乳消费量如表5-5所示。

表5-5　2011—2020年墨西哥天然橡胶及天然胶乳消费量数据

单位：万吨

年份	2011	2012	2013	2014	2015	2016	2017	2018	2019	2020
天然橡胶	8.11	9.27	8.55	9.08	9.78	10.11	10.34	11.54	8.61	6.74
天然胶乳	1.16	1.19	1.16	1.29	1.31	1.28	1.43	1.52	1.49	1.14

此外，美洲国家中还有阿根廷、哥伦比亚、智利、秘鲁和危地马拉天然橡胶消费量较大。总体上看，美洲地区这些国家天然橡胶消费量均较小，所占国际市场份额较低。2011—2020年阿根廷、哥伦比亚、智利、秘鲁和危地马拉天然橡胶消费情况如表5-6所示。

表5-6　2011—2020年阿根廷、哥伦比亚、智利、秘鲁和危地马拉天然橡胶消费量

单位：万吨

年份	2011	2012	2013	2014	2015	2016	2017	2018	2019	2020
阿根廷	3.56	4.06	4.38	4.16	4.24	3.88	3.96	3.60	3.47	2.72
哥伦比亚	1.88	1.89	2.02	2.44	2.48	2.17	2.12	2.28	1.97	1.86
智利	1.06	1.21	1.25	1.39	1.65	1.38	1.44	1.40	1.58	1.37
秘鲁	1.51	1.71	1.65	1.51	1.37	1.36	1.50	1.33	1.21	0.89
危地马拉	0.53	0.53	0.53	0.53	0.48	0.60	0.51	0.48	0.52	0.43

三、美洲供需比较

IRSG统计显示，2020年美洲地区天然橡胶产量为35万吨，总消费量为143.54万吨，本区生产量仅占总消费量的24.38%，缺口75.62%依靠国际贸易解决，供需缺口较大。

出口方面，美洲地区天然橡胶出口量很小，产胶国的天然橡胶主要用于满足本国需求。2020年美洲最大的产胶国巴西本国产量也仅能满足消费量的52.47%，最大的出口国危地马拉出口量仅9.68万吨。

2020年美洲地区天然橡胶总进口量为117.45万吨，占消费总量的81.82%，美洲天然橡胶的需求主要靠进口来满足。美国进口量80.39万吨，占美洲进口量的68.45%，巴西进口16.01万吨，占美洲进口量的13.63%。2011—2020年美洲天然橡胶供需情况如表5-7。

表5-7　2011—2020年美洲天然橡胶消费供需情况

单位：%，万吨

年份	2011	2012	2013	2014	2015	2016	2017	2018	2019	2020
自给率	17.10	18.66	19.49	19.69	19.31	18.99	19.30	19.10	19.58	24.38
供给盈余	-147.00	-135.80	-134.80	-136.75	-136.65	-136.6	-137.61	-142.06	-139.86	-108.54

四、美洲重点国家发展条件

橡胶树原产于南美洲亚马孙河流域的热带雨林中。但随着人工种植园的

开发，天然橡胶在非洲、东南亚地区发展迅速，世界天然橡胶种植的重心早已转移到东南亚地区。

（一）巴西

巴西是天然橡胶的发源地，天然橡胶是巴西的一个传统产业，从 19 世纪到 20 世纪初，巴西雄踞"橡胶王国"的宝座，垄断着世界天然橡胶市场近 100 年。自 1876 年，巴西橡胶种子被运往英国，将这些种子育成幼苗后再移栽到东南亚国家，开创了世界天然橡胶生产的新纪元。1914 年后，东南亚成为世界天然橡胶生产的主要区域。巴西天然橡胶产业发展相对滞后，无论从种植面积还是产量，难以满足国内市场的需求。同时巴西橡胶树（Hevea brasiliensis）最危险的病害南美叶疫病的存在，客观上限制了巴西大面积栽培橡胶树的计划。另外，亚洲天然橡胶增产，导致国际市场天然橡胶价格下跌，巴西以亚马孙森林地带为中心的橡胶树栽培和加工产业前景黯淡，生存危机日趋显现，巴西在短期内难以改变进口天然橡胶的现实。

（二）危地马拉

危地马拉目前未与中国建交。种植橡胶树是危地马拉重要的农业生产活动，天然橡胶一直是危地马拉的重要出口创汇产品。其种植面积在全国所有农作物中排名第 6 位，仅次于玉米、咖啡、甘蔗、豆子、油棕，产量在全国所有农产品中排名第 9 位。出口额在全国所出口的农产品中排名第 12 位，出口量排名第 18 位。受工业落后的限制，危地马拉国内天然橡胶需求较小，大都出口到美国、巴西、墨西哥等周边国家。

（三）墨西哥

墨西哥地处北美最南端，是北美三个自由贸易区（美国、加拿大、墨西哥）之一，彼此之间的零关税政策为墨西哥的发展奠定了良好的基础。墨西哥橡胶种植面积、产量近年来略有增长，但是随着橡胶工业的发展，国内对天然橡胶需求量逐渐增加，主要依靠进口满足国内新增需求。墨西哥有300 多家橡胶企业，主要生产工业管带等。墨西哥橡胶商会成员单位只包括橡胶产品生产企业，不包括原材料和设备部分，其会员经营产品主要分三大类：第一类是轮胎，占全部产品的 70％；第二类是橡胶制品，含胶管胶带、模压制品、胶鞋等，占 16％；第三类是翻胎产品，占 14％。该商会共有 9 家轮胎会员企业，分别是普利司通、德国大陆、固铂、固特异、韩泰、印度 J. K.、米其林、倍耐力和横滨，但只有 6 家轮胎企业在墨西哥有生产基地。

第六章　天然橡胶贸易

一、全球天然橡胶贸易及分布

随着经济全球化与贸易自由化的不断推进，越来越多的国家参与到全球天然橡胶贸易市场中来。据国际粮农组织统计数据库显示，全球大约有100个国家出口天然橡胶，150个国家进口天然橡胶。在出口的国家中，一部分国家自身不生产天然橡胶，但是利用其良好的区位优势条件，通过进口转出口，从事天然橡胶的贸易。

据IRSG统计，2020年，全球出口天然橡胶1 153.9万吨，同比减少0.6%，其中，亚太地区为主要出口区域，出口量为987.97万吨，占全球出口总量的85.62%，非洲与美洲也有少量出口；泰国、印度尼西亚、越南、马来西亚为主要出口国，出口量分别为376.76万吨、244.68万吨、175.04万吨、105.78万吨，累计占全球出口总量78.19%。

2020年，全球进口天然橡胶1 179.2万吨，同比减少1.5%，其中，亚太地区为第一大进口区域，进口量为880.48万吨，占全球进口总量的74.67%；第二为欧洲、中东和非洲，进口量为176.28万吨，占全球进口总量的14.95%；第三为美洲，进口量为117.45万吨，占全球进口总量的9.96%。中国、马来西亚、美国、越南、日本为主要进口国，进口量分别为544.19万吨、122.19万吨、80.39万吨、64.42万吨、55.77万吨，累计占世界进口总量的73.52%。2011—2020年全球天然橡胶进出口贸易情况如表6-1。

表6-1　2011—2020年全球天然橡胶进出口贸易情况

单位：万吨

年份	2011	2012	2013	2014	2015	2016	2017	2018	2019	2020
出口	842.90	887.10	988.80	984.40	1 019.90	1 045.10	1 216.00	1 207.80	1 161.20	1 153.90
进口	916.80	956.10	1 027.10	1 062.60	1 034.30	1 076.40	1 224.60	1 242.50	1 197.00	1 179.20

二、各区域天然橡胶贸易

(一)亚太地区

据 IRSG 统计,亚太地区既是第一大天然橡胶出口区域,也是第一大的进口区域。2020 年,主要出口国依次为泰国、印度尼西亚、越南、马来西亚、柬埔寨,这 5 个国家的出口量占亚太地区出口总量的 94.73%;主要进口国依次为中国、马来西亚、越南、日本、印度、韩国,这 6 个国家的进口量占亚太地区进口总量的 97.01%。2011—2020 年亚太地区天然橡胶进出口贸易情况如表 6-2。

表 6-2　2011—2020 年亚太地区天然橡胶进出口贸易情况

单位:万吨

年份	2011	2012	2013	2014	2015	2016	2017	2018	2019	2020
出口	788.29	829.91	927.75	902.00	910.16	927.96	1 085.45	1 068.58	1 004.63	987.97
进口	550.18	622.25	694.60	675.67	683.91	722.60	862.78	869.47	831.96	880.48

(二)欧洲、中东和非洲

据 IRSG 统计,该区域由于欧洲高度发达的汽车行业,成为第二大天然橡胶进口地区,特别是欧盟 27 国,占到该区域天然橡胶进口总量的 70% 以上。2011—2020 年欧盟天然橡胶进口占欧洲、中东和非洲地区进口的比率及占世界进口总量的比率如表 6-3。2016 年,主要进口国为德国、比利时、西班牙、法国、意大利,进口量分别为 32.8 万吨、19.5 万吨、16.74 万吨、16.27 万吨、13.02 万吨,累计占欧洲进口总量的 58.04%。

表 6-3　2011—2020 年欧盟 27 国天然橡胶进口占比

单位:%

年份	2011	2012	2013	2014	2015	2016	2017	2018	2019	2020
占欧洲、中东和非洲比率	76.14	75.61	74.81	76.31	75.61	75.47	75.23	74.08	74.00	71.72
占世界比率	17.23	14.64	13.56	13.96	14.32	13.92	12.59	12.65	12.82	10.72

该区域欧洲、中东均不生产天然橡胶，仅非洲部分国家出口天然橡胶。据 IRSG 数据分析，2020 年非洲天然橡胶出口量为 120.38 万吨，占全球出口量的 10.43%，进口量为 6.12 万吨，占全球进口量的 0.52%。其中，主要出口国为科特迪瓦、利比里亚、喀麦隆、尼日利亚、加纳、加蓬，出口量分别 92.01 万吨、8.92 万吨、4.71 万吨、4.62 万吨、4.10 万吨、2.38 万吨，占其总出口量的 96.98%，主要进口国为埃及和南非，进口量分别为 2.54 万吨、3.58 万吨。2011—2020 年欧洲、中东和非洲地区天然橡胶进出口贸易情况如表 6-4。

表 6-4　2011—2020 年欧洲、中东和非洲地区天然橡胶进出口贸易情况

单位：万吨

年份	2011	2012	2013	2014	2015	2016	2017	2018	2019	2020
出口	45.75	48.41	52.18	55.47	57.91	69.73	84.08	89.00	104.72	120.38
进口	207.48	185.11	186.12	194.45	195.86	198.60	204.97	212.14	207.42	176.28

（三）美洲

据 IRSG 统计，全球各大洲中，美洲为第三大天然橡胶进口地区，也有少量的天然橡胶出口。2020 年，主要进口国依次为美国、巴西、加拿大、墨西哥、阿根廷，进口量分别 80.39 万吨、16.01 万吨、10.47 万吨、4.27 万吨、2.72 万吨，累计占该地区进口总量的 96.94%；出口国为危地马拉，出口量为 9.68 万吨。2011—2020 年美洲地区天然橡胶进出口贸易情况如表 6-5。

表 6-5　2011—2020 年美洲地区天然橡胶进出口贸易情况

单位：万吨

年份	2011	2012	2013	2014	2015	2016	2017	2018	2019	2020
出口	8.81	8.76	8.82	9.11	8.6	8.14	9.5	9.76	9.5	9.68
进口	157.75	147.51	145.04	147.61	147.33	146.51	148.05	152.59	150.12	117.45

三、主要出口国家和地区

据 IRSG 统计，2020 年出口量超过万吨以上的国家依次为：泰国、印度

尼西亚、越南、马来西亚、科特迪瓦、柬埔寨、缅甸、菲律宾、老挝、危地马拉、利比里亚、喀麦隆、尼日利亚、加纳、加篷、几内亚、斯里兰卡、刚果民主共和国。

（一）泰国

泰国是世界上最大的天然橡胶出口国，主要出口到中国、日本、韩国、马来西亚、欧盟和美国等国家或地区，其中出口到中国的量最大。2011—2020 年泰国天然橡胶出口流向情况如表 6-6。

表 6-6　2011—2020 年间泰国天然橡胶出口流向情况

单位：万吨

年份	中国	日本	韩国	马来西亚	欧盟与英国	美国	印度
2011	132.79	32.68	18.5	32.21	22.45	20.73	6.92
2012	166.43	27.26	17.69	34.26	18.13	17.88	7.32
2013	212.24	28.57	15.77	43.01	19.17	14.67	8.39
2014	213.95	25.00	16.95	38.93	20.83	14.47	10.70
2015	220.57	23.00	14.62	39.21	22.59	15.6	11.90
2016	227.21	20.93	13.35	44.33	26.97	18.6	9.00
2017	280.31	21.73	11.07	41.10	26.41	17.45	6.80
2018	277.61	21.55	11.33	43.60	28.48	18.72	11.39
2019	232.39	19.97	10.30	39.04	32.40	21.44	6.77
2020	238.80	15.53	8.70	39.19	22.66	16.15	4.84

泰国出口的主要品种是标准胶，特别是 20 号标准胶出口量最大。2011—2020 年天然橡胶各加工品种的出口情况如表 6-7 所示。

表 6-7　2011—2020 年泰国天然橡胶各加工品种的出口情况

单位：万吨

年份	Technically Specified Rubber					Sheet Rubber					
	5/5L/XL	10	20	CV	TOTAL	RSS1/1X	RSS2	RSS3	RSS4	RSS5	TOTAL
2011	0.71	9.57	113.56	2.87	122.41	0.81	0.50	57.37	9.28	0.81	75.39
2012	0.75	10.11	119.48	3.11	128.69	0.71	0.46	50.35	8.23	0.71	66.07
2013	0.80	13.34	136.50	3.50	147.08	0.87	0.55	61.59	9.98	0.87	80.91
2014	0.83	13.49	142.07	3.78	152.90	0.78	0.51	55.87	8.98	0.78	71.66

（续）

年份	Technically Specified Rubber					Sheet Rubber					
	5/5L/XL	10	20	CV	TOTAL	RSS1/1X	RSS2	RSS3	RSS4	RSS5	TOTAL
2015	0.97	16.03	169.18	4.35	182.22	0.71	0.48	54.65	8.16	0.71	66.01
2016	0.92	16.29	160.73	3.92	173.37	0.61	0.41	47.39	6.96	0.61	56.94
2017	0.85	6.57	158.98	4.15	158.38	0.75	0.50	57.86	8.60	0.75	70.90
2018	0.82	6.27	128.61	4.09	152.91	0.60	0.70	50.58	3.94	0.60	55.83
2019	0.79	4.48	100.45	3.91	147.83	0.67	0.61	42.49	3.48	0.67	47.68
2020	0.59	4.24	94.70	2.90	109.26	0.55	0.35	34.16	2.36	0.55	37.93

（二）印度尼西亚

印度尼西亚是世界上第二大天然橡胶出口国，主要出口到中国、日本、韩国、新加坡、德国和美国，其中出口到中国、美国和日本的量相对较大。2011—2020 年印度尼西亚天然橡胶出口流向情况如表 6-8。

表 6-8　2011—2020 年印度尼西亚天然橡胶出口流向情况

单位：万吨

年份	中国	日本	韩国	新加坡	德国	美国
2011	42.32	38.77	12.01	10.43	6.08	61.59
2012	52.14	38.91	13.86	6.82	5.53	56.60
2013	58.23	42.59	14.73	2.18	7.21	60.98
2014	41.02	40.9	15.87	1.83	7.48	59.78
2015	34.15	42.51	18.29	3.15	7.04	62.47
2016	36.89	42.13	17.93	1.87	7.02	57.77
2017	70.44	46.37	19.28	1.73	7.47	58.94
2018	40.32	48.37	18.95	0.17	7.04	60.60
2019	29.72	50.51	16.92	0.06	6.14	55.43
2020	49.88	38.84	14.96	—	—	44.97

印度尼西亚出口的主要品种是标准胶，也有部分生胶片。2011—2020年天然橡胶各加工品种的出口情况如表 6-9 所示。

表 6-9　2011—2020 年天然橡胶各加工品种出口情况

单位：万吨

年份	2011	2012	2013	2014	2015	2016	2017	2018	2019	2020
标准胶	247.89	237.45	260.82	254.98	254.35	249.37	292.34	274.17	244.07	220.56
生胶片	6.73	6.82	5.02	6.83	8.04	7.84	6.28	6.51	5.75	6.93

（三）越南

越南是世界上第三大天然橡胶出口国，主要出口到中国、韩国、马来西亚、欧盟和美国等国家或地区，其中出口到中国的量最大。2011—2020 年越南天然橡胶出口流向情况如表 6-10。

表 6-10　2011—2020 年越南天然橡胶出口流向情况

单位：万吨

年份	中国	韩国	马来西亚	欧盟与英国	美国
2011	50.16	2.72	4.67	6.08	1.83
2012	49.27	4.00	20.04	7.25	2.35
2013	52.14	3.53	22.45	7.14	2.91
2014	55.89	3.26	20.21	8.28	3.23
2015	74.77	3.01	17.41	8.76	4.00
2016	75.68	3.83	9.72	9.01	3.61
2017	89.62	4.34	7.05	10.23	3.53
2018	104.27	3.66	5.96	9.35	2.56
2019	113.26	4.63	3.31	8.56	3.57
2020	136.41	3.22	1.05	7.33	—

（四）马来西亚

马来西亚是世界上第四大天然橡胶出口国，主要出口到中国、韩国、法国、德国、巴西和美国，其中马来西亚也从越南、泰国进口一部分天然橡胶转出口，出口到中国的量最大。2011—2020 年马来西亚天然橡胶出口流向情况如表 6-11。

表6-11　2011—2020年马来西亚天然橡胶出口流向情况

单位：万吨

年份	中国	德国	伊朗	美国	韩国	法国	芬兰	巴西	土耳其
2011	70.19	11.37	2.77	3.44	4.36	1.64	1.71	2.14	2.13
2012	82.62	11.19	3.27	3.32	3.16	1.22	1.54	2.27	1.58
2013	87.97	10.38	5.46	3.56	2.55	1.17	1.77	2.88	1.40
2014	78.91	10.08	4.05	3.88	1.80	0.99	1.24	1.85	1.30
2015	74.25	9.01	3.97	3.57	1.30	1.11	1.50	1.69	1.33
2016	66.94	8.52	4.38	2.34	1.29	0.91	1.71	1.24	1.43
2017	85.76	9.11	3.27	2.35	1.37	0.96	2.01	1.14	1.48
2018	78.15	8.97	3.46	1.75	1.41	0.78	2.46	1.13	1.59
2019	71.18	7.11	2.73	2.50	1.22	0.76	2.73	1.40	1.36
2020	79.93	5.74	2.01	1.87	0.91	0.62	1.85	1.10	1.48

马来西亚出口的天然橡胶主要初加工品种是标准胶，还有小部分的胶乳，此外，对中国也出口一部分复合胶。2011—2020年天然橡胶各加工品种的出口情况如表6-12所示。

表6-12　2011—2020年马来西亚天然橡胶各加工品种的出口情况

单位：万吨

年份	RSS	SMR						胶乳	出口到中国的复合胶	其他品种
		CV/L	5	GP	10	20	其他			
2011	0.36	0.84	0.87	6.84	27.21	53.03	2.46	4.16	29.35	0.25
2012	0.75	0.70	0.84	5.28	24.97	38.76	2.29	3.18	53.19	0.35
2013	1.26	1.23	0.71	3.59	23.71	45.10	4.94	3.43	50.14	0.84
2014	0.83	1.37	0.51	3.10	21.16	38.19	3.16	3.24	46.93	0.60
2015	0.49	1.20	0.33	3.09	18.92	41.83	1.23	3.19	40.65	0.38
2016	0.16	0.98	0.36	3.15	18.84	37.12	0.33	3.04	37.57	0.22
2017	0.14	1.21	0.48	3.10	19.01	33.76	0.49	3.27	57.79	0.15
2018	0.13	0.92	0.34	2.78	19.68	36.92	0.31	2.70	46.98	0.12
2019	0.24	1.08	0.27	2.30	18.40	38.24	0.21	2.32	40.24	0.07
2020	0.03	1.21	0.30	1.68	14.37	36.65	0.24	1.97	50.66	0.07

天然橡胶行业是马来西亚重要的出口创汇行业，主要出口的天然橡胶、天然橡胶产品、橡胶木产品等，整个行业的出口额占全国出口额的5%左右。2011—2020年马来西亚天然橡胶行业出口额对全国出口额的贡献如

表 6 - 13。从表 6 - 13 中可以看出，马来西亚天然橡胶作为原料的出口越来越少，通过加工提升产业的附加值之后再行出口的橡胶产品越来越多，将产业更多的经济效益留在国内，进一步推动了马来西亚天然橡胶产业的持续发展。

表 6 - 13 2011—2020 年马来西亚天然橡胶行业出口额对全国出口额的贡献情况

单位：10 亿令吉，%

年份	天然橡胶		橡胶产品		其他橡胶		橡胶木产品		全行业	
	出口额	贡献	出口额	贡献	出口额	贡献	出口额	贡献	出口额	贡献
2011	17.51	2.51	14.18	2.03	1.00	0.14	7.41	1.06	40.10	5.75
2012	13.11	1.87	14.53	2.07	1.16	0.16	7.63	1.09	36.42	5.18
2013	11.21	1.56	14.63	2.03	1.07	0.15	6.83	0.95	33.74	4.69
2014	7.45	0.97	15.20	1.99	1.01	0.13	7.21	0.94	30.87	4.03
2015	6.26	0.81	18.00	2.32	0.94	0.12	8.12	1.05	33.33	4.29
2016	5.65	0.72	18.12	2.30	1.03	0.13	8.46	1.08	33.26	4.23
2017	9.14	0.98	21.63	2.31	1.36	0.15	8.96	0.96	41.09	4.39
2018	6.52	0.65	23.80	2.37	1.33	0.13	8.70	0.87	40.35	4.02
2019	6.06	0.61	23.55	2.37	1.52	0.15	9.63	0.97	40.77	4.10
2020	6.15	0.63	40.97	4.18	1.42	0.14	10.20	1.04	58.73	5.99

（五）科特迪瓦

科特迪瓦是天然橡胶产业中的一匹黑马，在全球天然橡胶市场低迷的背景下，发展迅猛，2020 年已经成为世界第五大天然橡胶出口国。出口的主要产品为标准胶，2019 年出口的标准胶为 60.37 万吨，占全部出口量的78.68%，天然橡胶乳（不论是否硫化）的出口量在逐年增加，2019 年占全部出口量的 24.12%%。天然橡胶主要出口到马来西亚、中国、印度、法国和美国，出口到马来西亚的数量最大。2011—2020 年科特迪瓦天然橡胶出口流向情况如表 6 - 14。

表 6 - 14 2011—2020 年科特迪瓦天然橡胶出口流向情况

单位：万吨

年份	马来西亚	中国	印度	美国	法国
2011	3.59	1.68	0.53	3.25	1.58
2012	5.04	0.57	0.87	2.74	1.93

（续）

年份	马来西亚	中国	印度	美国	法国
2013	7.52	0.51	0.96	4.04	1.40
2014	8.44	1.30	1.18	4.36	1.14
2015	10.53	3.47	1.07	3.55	1.82
2016	13.78	3.39	1.73	5.13	1.85
2017	28.40	2.10	1.87	4.69	2.28
2018	25.67	3.16	3.57	5.87	2.01
2019	33.30	9.88	2.79	5.49	2.09
2020	47.06	17.72	4.41	6.14	2.38

四、主要进口国家和地区

天然橡胶是重要的工业原料，2020 年前 15 大进口国和地区依次为：中国、马来西亚、美国、越南、日本、印度、韩国、德国、土耳其、比利时、西班牙、巴西、俄罗斯联邦、法国、意大利，这 15 个国家的进口量占全球进口量的 89.74%。

（一）中国

中国是世界上最大的天然橡胶进口国，2020 年进口量占世界进口量的 46.15%，虽然进口量逐年增长，但是进口结构逐步得到优化。从进口来源地看，主要有泰国、马来西亚、印度尼西亚、越南和科特迪瓦等国家，从泰国的进口量最大，从科特迪瓦的进口量正在增加，从泰国、马来西亚、印度尼西亚和越南的进口量增加，但是进口占比逐渐下降。2011—2020 年中国天然橡胶进口来源情况如表 6-15。

表 6-15 2011—2020 年中国天然橡胶进口来源情况

单位：万吨

年份	泰国	马来西亚	印度尼西亚	越南	科特迪瓦
2011	126.13	72.01	46.98	11.81	1.68
2012	156.49	76.47	52.61	24.3	0.57

（续）

年份	泰国	马来西亚	印度尼西亚	越南	科特迪瓦
2013	195.09	81.07	57.44	19.85	0.51
2014	212.99	80.64	47.79	27.14	1.30
2015	216.39	73.24	35.85	47.01	3.47
2016	225.88	65.88	35.09	69.32	3.39
2017	266.73	83.50	70.97	82.85	2.10
2018	278.81	77.28	40.95	97.71	3.16
2019	232.08	68.74	28.88	105.30	9.88
2020	241.22	77.03	46.97	124.35	17.72

据海关统计数据显示，中国市场上进口的非洲胶主要是 10#标准胶，分别来自科特迪瓦、尼日利亚、利比里亚、喀麦隆、几内亚、加纳，其中来自科特迪瓦的橡胶占比高达 97.5%，来自尼日利亚的橡胶占比为 2%左右，来自其他国家的橡胶较为有限。从体量上看，2017—2020 年呈现逐年递增趋势，2020 年进口量出现明显增长，特别是 2020 年下半年，伴随着国内需求的迅速恢复，进口量出现了较大飞跃，2020 年 11 月，来自科特迪瓦单月进口量高达 3.6 万吨，创下历史纪录。2020 年席卷全球的新冠肺炎疫情暴发后，中国率先实现了经济复苏及复工复产，下半年更是在多项经济政策支持下加快复苏，而此时的欧美市场仍然被困于疫情影响之下，整体开工及需求偏弱，欧美市场的萎缩及亚洲市场需求的复苏，吸引了更多以出口欧美市场为主的产品转向中国市场，导致来自非洲的天然橡胶大幅增长。目前非洲胶量总体小的原因主要在于：一是非洲胶体总量较小，与中国市场巨大的需求量难以匹配；二是虽然非洲胶相较东南亚天然橡胶具有价格优势，但难以达到下游的理想要求；三是先入为主，下游用胶企业已经习惯用泰国、印度尼西亚、马来西亚、越南等国的天然橡胶，对于新进入的天然橡胶存在验证时间。不过随着非洲各国政府及政策的支撑，非洲又具备先天的资源优势，加之中非合作密切，因此未来非洲天然橡胶将会更多地进入中国市场。

从进口品种来看，中国天然橡胶进口品种有天然橡胶乳（不论是否硫化）、烟胶片、技术分类天然橡胶、其他形状的天然橡胶四类，在这四类产品中，技术分类的天然橡胶进口量相对较大，2011—2020 年中国天然橡胶进口品种结构如表 6-16。

表 6－16   2011—2020 年中国天然橡胶进口品种结构

单位：万吨

年份	天然橡胶乳（不论是否硫化）	烟胶片	技术分类天然橡胶	其他形状的天然橡胶
2011	27.05	21.41	158.84	2.80
2012	31.78	20.81	162.68	2.47
2013	33.56	32.60	179.36	1.74
2014	36.60	31.18	191.37	1.85
2015	37.69	25.55	197.34	12.94
2016	42.41	20.49	165.78	21.48
2017	49.41	33.11	168.01	28.79
2018	59.07	23.80	160.92	15.81
2019	55.44	16.25	152.44	20.97
2020	57.03	16.56	133.19	23.10

（二）马来西亚

马来西亚既是天然橡胶出口大国，也是天然橡胶进口大国。2020 年马来西亚天然橡胶进口量世界排名第二位，占世界进口量的 10.36%。从进口来源来看，主要进口来源地有泰国、科特迪瓦、菲律宾、加纳、缅甸等国家，从泰国进口量最大，从科特迪瓦进口量在逐年增长，从越南进口量却呈现出下降趋势。2011—2020 年马来西亚天然橡胶进口来源情况如表 6－17。

表 6－17   2011—2020 年马来西亚天然橡胶进口来源情况

单位：万吨

年份	泰国	科特迪瓦	菲律宾	加纳	缅甸	印度尼西亚	越南
2011	32.21	3.59	5.39	0.01	2.96	1.71	4.67
2012	34.26	5.04	5.14	0.05	1.91	1.05	20.04
2013	43.01	7.52	5.73	0.03	2.74	1.04	22.45
2014	38.93	8.44	5.91	0.26	1.63	0.95	20.21
2015	39.21	10.53	6.61	0.82	2.55	0.47	17.41
2016	44.33	13.78	6.83	0.68	2.73	0.29	9.72
2017	41.10	28.40	12.10	1.72	1.59	4.23	7.05
2018	43.60	25.67	9.82	1.54	2.75	0.40	5.96
2019	39.04	33.30	11.11	1.36	3.77	0.47	3.31
2020	39.19	47.06	13.01	2.89	2.81	1.94	1.05

马来西亚进口的天然橡胶主要是天然橡胶乳（不论是否硫化）、技术分类天然橡胶，烟胶片和其他形状的天然橡胶进口相对较少。2011—2020 年马来西亚天然橡胶进口品种结构如表 6-18。

表 6-18　2011—2020 年马来西亚天然橡胶进口品种结构

单位：万吨

年份	天然橡胶乳（不论是否硫化）	烟胶片	技术分类天然橡胶	其他形状的天然橡胶
2011	30.66	3.58	16.60	5.49
2012	33.09	4.01	30.13	5.30
2013	34.46	8.58	35.65	4.95
2014	31.57	5.86	33.55	4.00
2015	31.83	5.07	31.62	4.57
2016	31.84	4.53	26.59	4.44
2017	32.31	5.69	30.52	4.31
2018	33.34	4.81	22.72	3.80
2019	31.20	4.71	22.62	4.13
2020	34.83	3.66	19.29	4.34

（三）美国

美国是世界上第三大天然橡胶进口国，2020 年进口量占世界进口总量的 6.82%。主要进口来源国家有印度尼西亚、泰国、马来西亚、利比里亚、科特迪瓦和越南等国家，从印度尼西亚进口的量最大，其次是泰国，马来西亚和利比里亚的进口量相差不大，2011—2020 年美国天然橡胶进口来源情况如表 6-19。

表 6-19　2011—2020 年间美国天然橡胶进口来源情况

单位：万吨

年份	印度尼西亚	泰国	马来西亚	利比里亚	科特迪瓦	越南
2011	61.59	20.73	3.44	3.92	3.25	1.83
2012	56.60	17.88	3.32	4.72	2.74	2.35
2013	60.98	14.67	3.56	3.92	4.04	2.91
2014	59.78	14.47	3.88	4.27	4.36	3.23

（续）

年份	印度尼西亚	泰国	马来西亚	利比里亚	科特迪瓦	越南
2015	62.47	15.60	3.57	2.93	3.55	4.00
2016	57.77	18.60	2.34	3.26	5.13	3.61
2017	58.94	17.45	2.35	3.31	4.69	3.53
2018	60.60	18.72	1.75	3.83	5.87	2.56
2019	55.43	21.44	2.50	3.66	5.49	3.57
2020	44.97	16.15	1.87	3.07	6.14	2.54

美国进口的天然橡胶，主要是技术分类天然橡胶，天然橡胶乳（不论是否硫化）、烟胶片和其他形状的天然橡胶进口较少，并且均呈现下降趋势。2011—2020 年美国天然橡胶进口品种结构如表 6-20。

表 6-20　2011—2020 年美国天然橡胶进口品种结构

单位：亿美元

年份	天然橡胶乳（不论是否硫化）	烟胶片	技术分类天然橡胶	其他形状的天然橡胶
2011	1.22	5.74	41.55	1.10
2012	0.93	3.99	29.99	0.54
2013	0.77	3.00	22.76	0.57
2014	0.73	2.15	17.92	0.27
2015	0.56	1.82	14.01	0.17
2016	0.51	1.88	12.18	0.14
2017	0.63	2.75	16.14	0.16
2018	0.58	2.18	14.39	0.13
2019	0.53	2.11	14.63	0.07
2020	0.52	1.53	11.46	0.06

（四）越南

越南既是天然橡胶出口大国，也是天然橡胶进口大国。2020 年越南天然橡胶进口量世界排名第四位，占世界进口量的 5.46%。从进口来源来看，主要有周边的柬埔寨、老挝、泰国、印度尼西亚等国家，从柬埔寨、老挝进口的天然橡胶呈现逐年增长趋势，主要是因为柬埔寨、老挝橡胶加工业相对较弱，滞后于越南。2011—2020 年越南天然橡胶进口来源情况如表 6-21。

表 6-21　2011—2020 年间越南天然橡胶进口来源情况

单位：万吨

年份	柬埔寨	印度尼西亚	老挝	马来西亚	泰国
2011	4.60	0.24	0.13	0.40	2.65
2012	5.10	0.02	0.48	0.14	1.07
2013	4.38	0.02	1.27	0.11	0.96
2014	4.33	0.12	2.07	0.23	1.47
2015	5.92	0.17	3.15	0.30	1.40
2016	6.39	0.23	4.21	0.35	2.01
2017	8.60	2.06	4.89	0.67	3.26
2018	7.10	1.03	5.47	0.59	3.93
2019	14.42	0.47	10.27	0.75	3.41
2020	44.22	1.18	9.39	0.37	3.85

从进口品种上来说，越南技术分类天然橡胶进口量相对较大，并且呈现稳定增长趋势，烟胶片近 10 年进口量变化不是很大，天然橡胶乳（不论是否硫化）、其他形状的天然橡胶进口量近两年呈现明显增长趋势。2011—2020 年越南天然橡胶进口品种结构如表 6-22。

表 6-22　2011—2020 年越南天然橡胶进口品种结构

单位：万吨

年份	天然橡胶乳（不论是否硫化）	烟胶片	技术分类天然橡胶	其他形状的天然橡胶
2011	0.63	3.48	5.06	1.36
2012	0.36	2.42	5.86	0.70
2013	0.32	1.21	5.58	0.97
2014	0.80	1.81	6.05	0.60
2015	0.43	1.49	9.51	0.66
2016	0.87	1.80	10.44	1.31
2017	2.05	2.42	13.55	2.94
2018	2.76	1.43	13.42	1.95
2019	2.42	1.46	19.84	6.46
2020	2.72	2.36	24.64	33.49

(五) 日本

日本是世界上第五大天然橡胶进口国，2020 年进口量占世界进口总量的 4.73％。主要进口来源地有泰国、印度尼西亚、马来西亚和越南，从印度尼西亚的进口量最大，其次是泰国，马来西亚和越南的进口量相差不大。2011—2020 年日本天然橡胶进口来源情况如表 6-23。

表 6-23　2011—2020 年日本天然橡胶进口来源情况

单位：万吨

年份	泰国	印度尼西亚	马来西亚	越南
2011	32.68	38.77	0.68	1.00
2012	27.26	38.91	0.51	0.96
2013	28.57	42.59	0.49	1.07
2014	25.00	40.9	0.47	1.04
2015	23.00	42.51	0.38	1.09
2016	20.93	42.13	0.41	0.39
2017	21.73	46.37	0.59	1.13
2018	21.55	48.37	0.55	1.15
2019	19.97	50.51	0.46	1.10
2020	15.53	38.84	0.38	0.98

从进口品种上来说，日本技术分类天然橡胶进口量相对较大，天然橡胶乳（不论是否硫化）、烟胶片、其他形状的天然橡胶进口量相对较少，2011—2020 年日本天然橡胶进口品种结构如表 6-24。

表 6-24　2011—2020 年日本天然橡胶进口品种结构

单位：万吨

年份	天然橡胶乳（不论是否硫化）	烟胶片	技术分类天然橡胶	其他形状的天然橡胶
2011	2.42	18.60	57.08	1.40
2012	2.36	14.44	53.06	1.10
2013	1.71	15.51	54.11	1.53
2014	1.76	14.32	52.18	1.39
2015	0.73	14.00	52.28	1.50

(续)

年份	天然橡胶乳（不论是否硫化）	烟胶片	技术分类天然橡胶	其他形状的天然橡胶
2016	0.74	12.78	51.21	1.54
2017	0.79	13.16	54.68	1.63
2018	0.77	12.23	56.50	1.85
2019	0.65	12.63	58.84	1.29
2020	0.56	9.60	44.83	1.01

（六）印度

印度既是天然橡胶生产大国，也是天然橡胶消费大国；同时是天然橡胶出口国，也是天然橡胶进口国，天然橡胶进口量远大于出口量，是天然橡胶纯进口国家。2020 年进口量占世界进口量的 3.19%，主要进口来源地有印度尼西亚、越南、科特迪瓦、新加坡、马来西亚和泰国，从印度尼西亚的进口量相对较大。2011—2020 年印度天然橡胶进口来源情况如表 6 - 25。

表 6 - 25　2011—2020 年印度天然橡胶进口来源情况

单位：万吨

年份	印度尼西亚	越南	科特迪瓦	新加坡	马来西亚	泰国
2011	5.41	1.86	0.53	0.04	1.09	6.92
2012	9.30	5.99	0.87	0.05	0.87	7.32
2013	13.90	8.63	0.96	0.04	0.86	8.39
2014	18.86	8.42	1.18	0.02	1.78	10.70
2015	20.26	8.49	1.07	0.03	1.77	11.90
2016	22.23	9.59	1.73	0.05	1.39	9.00
2017	25.66	4.93	1.87	0.00	0.45	6.80
2018	27.12	10.38	3.57	4.56	4.82	11.39
2019	17.31	13.84	2.79	4.67	4.73	6.77
2020	14.95	6.72	4.41	3.77	3.24	4.84

从进口品种上来说，印度技术分类天然橡胶进口量相对较大，天然橡胶乳（不论是否硫化）、烟胶片、其他形状的天然橡胶进口量相对较少，2011—2020 年印度天然橡胶进口品种结构如表 6 - 26。

表 6-26　2011—2020 年印度天然橡胶进口品种结构

单位：万吨

年份	天然橡胶乳（不论是否硫化）	烟胶片	技术分类天然橡胶	其他形状的天然橡胶
2011	0.16	7.23	7.54	1.05
2012	0.23	12.93	14.56	1.42
2013	0.48	12.25	19.59	1.30
2014	1.05	14.22	24.36	2.67
2015	0.93	10.30	30.57	3.16
2016	0.54	8.00	35.16	1.60
2017	0.30	5.59	33.07	2.06
2018	0.82	10.80	47.49	0.56
2019	0.85	7.25	39.97	0.66
2020	0.51	4.89	32.01	0.36

（七）韩国

韩国是世界上天然橡胶主要进口国之一，2020 年进口量占世界进口量的 2.54%。主要进口来源地有泰国、印度尼西亚、马来西亚和越南，最大进口来源地从泰国转移到印度尼西亚，从马来西亚、越南的进口量相对较小。2011—2020 年韩国天然橡胶进口来源情况如表 6-27。

表 6-27　2011—2020 年韩国天然橡胶进口来源情况

单位：万吨

年份	泰国	印度尼西亚	马来西亚	越南
2011	19.04	12.98	4.21	2.52
2012	18.66	13.98	2.97	3.06
2013	18.16	14.75	2.85	2.90
2014	18.14	15.93	1.90	2.77
2015	15.89	17.87	1.40	2.77
2016	14.42	17.69	1.19	3.86
2017	11.56	19.53	1.47	4.73
2018	10.87	19.29	1.41	3.90
2019	10.26	17.47	1.44	4.67
2020	9.21	14.91	0.94	3.29

从进口品种上来说，韩国技术分类天然橡胶进口量相对较大，天然橡胶乳（不论是否硫化）、烟胶片、其他形状的天然橡胶进口量相对较少。2011—2020年韩国天然橡胶进口品种结构如表6-28。

表6-28 2011—2020年韩国天然橡胶进口品种结构

单位：万吨

年份	天然橡胶乳（不论是否硫化）	烟胶片	技术分类天然橡胶	其他形状的天然橡胶
2011	3.21	2.69	34.91	0.69
2012	3.22	2.75	34.37	0.68
2013	3.35	2.88	33.87	0.87
2014	3.37	2.69	34.64	0.97
2015	3.44	2.69	33.17	0.92
2016	3.43	2.11	33.09	0.99
2017	3.27	1.28	34.35	0.84
2018	2.63	0.95	33.53	0.79
2019	2.42	1.19	32.21	0.71
2020	2.09	1.11	26.26	0.59

（八）德国

德国是世界上天然橡胶主要进口国之一，2020年进口量占世界进口量的1.81%。主要进口来源地有马来西亚、印度尼西亚、泰国和越南，从印度尼西亚的进口量最大。2011—2020年德国天然橡胶进口来源情况如表6-29。

表6-29 2011—2020年德国天然橡胶进口来源情况

单位：万吨

年份	马来西亚	印度尼西亚	泰国	越南
2011	11.37	8.51	3.68	2.58
2012	11.19	6.43	3.10	3.14
2013	10.38	7.00	3.11	3.03
2014	10.08	8.33	3.49	3.42
2015	9.01	8.06	3.89	3.38

（续）

年份	马来西亚	印度尼西亚	泰国	越南
2016	8.52	5.23	4.83	3.68
2017	9.11	5.32	4.09	4.09
2018	8.97	4.47	3.81	3.90
2019	7.11	3.50	4.91	2.91
2020	5.74	2.93	2.55	2.56

从进口品种上来说，德国技术分类天然橡胶进口量相对较大，天然橡胶乳（不论是否硫化）、烟胶片、其他形状的天然橡胶进口量相对较少。2011—2020 年德国天然橡胶进口品种结构如表 6-30。

表 6-30　2011—2020 年德国天然橡胶进口品种结构

单位：万吨

年份	天然橡胶乳（不论是否硫化）	烟胶片	技术分类天然橡胶	其他形状的天然橡胶
2011	3.19	1.62	23.77	13.82
2012	2.95	2.52	18.32	12.79
2013	3.22	3.86	17.38	13.11
2014	2.63	3.50	26.21	6.07
2015	1.82	2.53	30.98	1.42
2016	2.11	2.37	27.42	1.79
2017	1.86	2.97	25.75	0.54
2018	1.71	2.39	25.38	0.42
2019	1.49	2.45	22.03	0.17
2020	1.21	2.01	18.89	0.47

（九）土耳其

土耳其是世界上天然橡胶主要进口国之一，2020 年进口量世界排名第 9 位，占世界进口量的 1.71%。主要进口来源地有印度尼西亚、泰国、越南、科特迪瓦和马来西亚等国家，其中从印度尼西亚的进口量相对较大，从科特迪瓦的进口量呈现增长趋势，从马来西亚的进口量相对比较平稳、变化不大。2011—2020 年土耳其天然橡胶进口来源情况如表 6 – 31。

表 6 – 31　2011—2020 年土耳其天然橡胶进口来源情况

单位：万吨

年份	印度尼西亚	泰国	越南	科特迪瓦	马来西亚
2011	7.21	3.68	1.16	0.22	2.13
2012	5.88	3.61	1.34	0.17	1.58
2013	7.05	3.91	1.54	0.25	1.40
2014	7.65	4.22	1.96	0.15	1.30
2015	7.29	5.03	2.11	0.29	1.33
2016	7.17	4.74	2.22	0.50	1.43
2017	8.70	4.97	2.53	0.58	1.48
2018	9.68	5.73	2.73	1.01	1.59
2019	7.91	7.00	2.82	1.50	1.36
2020	8.00	7.11	2.43	1.68	1.48

从进口品种上来说，土耳其技术分类天然橡胶进口量相对较大，天然橡胶乳（不论是否硫化）、烟胶片、其他形状的天然橡胶进口量相对较少。2011—2020 年土耳其天然橡胶进口品种结构如表 6 – 32。

表 6 – 32　2011—2020 年土耳其天然橡胶进口品种结构

单位：万吨

年份	天然橡胶乳（不论是否硫化）	烟胶片	技术分类天然橡胶	其他形状的天然橡胶
2011	1.66	2.24	10.89	0.51
2012	1.73	1.88	9.16	0.65
2013	1.63	2.06	10.14	0.51
2014	2.12	2.05	10.86	1.10
2015	1.97	1.96	11.80	0.69
2016	1.49	2.41	11.35	0.73
2017	2.15	3.11	12.81	0.57
2018	2.02	2.50	16.07	0.40
2019	2.21	2.09	16.23	0.29
2020	2.15	2.48	15.48	0.14

（十）法国

法国是世界上天然橡胶主要进口国之一，近年来的进口量有下降趋势，2020 年进口量占世界进口量的 0.91％。主要进口来源地有印度尼西亚、泰国、马来西亚和科特迪瓦等国家。2011—2020 年间法国天然橡胶进口来源情况如表 6-33。

表 6-33 2011—2020 年法国天然橡胶进口来源情况

单位：万吨

年份	印度尼西亚	泰国	马来西亚	科特迪瓦
2011	7.33	3.57	1.64	1.79
2012	5.73	3.52	1.22	1.99
2013	5.73	3.04	1.17	1.80
2014	5.56	3.10	0.99	1.38
2015	5.52	3.40	1.11	1.96
2016	4.01	4.73	0.91	2.11
2017	5.60	3.96	0.96	2.60
2018	5.46	4.76	0.78	2.26
2019	3.85	4.96	0.76	2.52
2020	3.09	2.39	0.62	1.65

从进口品种上来说，法国技术分类天然橡胶进口量相对较大，天然橡胶乳（不论是否硫化）、烟胶片、其他形状的天然橡胶进口量相对较少。2011—2020 年法国天然橡胶进口品种结构如表 6-34。

表 6-34 2011—2020 年法国天然橡胶进口品种结构

单位：万吨

年份	天然橡胶乳（不论是否硫化）	烟胶片	技术分类天然橡胶	其他形状的天然橡胶
2011	0.74	3.10	13.39	2.79
2012	0.86	2.70	11.18	2.40
2013	0.53	2.45	11.60	1.94
2014	0.43	2.37	12.23	0.85
2015	0.40	2.71	12.65	0.86

（续）

年份	天然橡胶乳（不论是否硫化）	烟胶片	技术分类天然橡胶	其他形状的天然橡胶
2016	0.33	2.88	12.15	1.05
2017	0.40	2.92	12.61	1.18
2018	0.46	2.71	12.46	1.06
2019	0.45	2.54	11.47	0.94
2020	0.39	1.64	7.97	0.51

五、主要天然橡胶贸易商

国际上主要天然橡胶贸易商有：米其林集团、普利司通股份有限公司、美国固特异轮胎橡胶公司、德国大陆集团、日本住友橡胶工业有限公司、意大利倍耐力集团等。

（一）米其林集团

米其林集团 1889 年于法国的克莱蒙费朗建立，现已成为全球轮胎科技的领导者，2020 年销售额达 204.69 亿欧元，同比下降 15.2%。在全球设有 9 个研发中心，在 26 个国家设有 117 个生产基地，在 170 个国家设有商业网点，在全球拥有 124 000 名员工。米其林集团 1988 年在香港成立了销售办事处，为进一步加强在中国市场的发展，又于 1989 年在北京成立了首个在中国内地的代表处，负责产品推广及筹备分销网络。米其林在上海、广州、成都、沈阳、武汉、西安及香港都设立了营销办事机构，销售网络遍布全国，在中国台湾也有销售组织和机构。

（二）普利司通股份有限公司

普利司通股份有限公司 1931 年在日本福冈县久留米市建立，是世界知名的轮胎生产商，雄居世界橡胶业及轮胎业前列。普利司通销售区域遍布全球 150 多个国家，设有 51 家轮胎工厂，112 家轮胎关联及其他工厂，而且拥有东京、阿克伦、罗马、无锡、横滨、曼谷六家技术开发中心。普利司通中国轮胎事业自 1999 年在中国实现国产化以来，事业规模不断扩大。目前已构筑包括中国总部、4处生产据点（沈阳、天津、无锡、惠州）、1处培训中心（无锡）、2处研发机构（无锡、宜兴）在内的，涵盖生产、管理、销售、研发职能的经营体系。现在，普利司通制造的高品质、高性能产品的优越性，结合普利司通建立的服务体系，通过全国各地的代理店网络和特约零售店将普利司通产品和服务大力推荐给消费者。

（三）美国固特异轮胎橡胶公司

美国固特异轮胎橡胶公司始建于1898年，总部位于美国俄亥俄州阿克隆市，是全球著名的轮胎制造商之一，研发和提供科技领先的产品与服务，为行业树立了科技和性能的新标杆。其全球员工总数达8万多人，迄今已在21个国家设立了46个相关机构，在28个国家90多个工厂中生产轮胎、工程橡胶产品和化学产品，业务遍及全球。固特异是第一个来华投资建厂的国外知名轮胎品牌，自1994年开始，在中国开展业务迄今近三十年，已经成为中国轮胎生产、销售、研发以及服务领域的领军人物。固特异在中国制造符合固特异全球统一标准的子午线轿车、轻卡车轮胎，自成立以来不断引进创新的服务理念，在全国已设立了100多家经销商、1 600多个固特异签约零售店。

（四）德国大陆集团

德国大陆集团始建于1871年，总部位于德国汉诺威市，是全球著名的轮胎制造商之一，欧洲最大的汽车配件供应商。大陆集团主要是利用马牌（Continental）这个品牌在全球销售汽车、摩托车、自行车用轮胎，在全球27个国家拥有100多个工厂、研发机构和测试中心，员工总数超过24万人。1994年，大陆集团与上海汽车工业（集团）总公司共同合作创建了上海汽车制动系统有限公司，标志着德国大陆集团正式进驻中国市场。二十多年来，大陆集团在中国各地已建立了成功的合作关系。大陆集团在中国共设有18处生产基地、8个研发基地，员工总数逾16 000人，并与中国主要客户有着稳定的业务往来。

（五）日本住友橡胶工业有限公司

日本住友橡胶工业成立于1909年，总部位于日本神户，是全球著名的轮胎制造商之一。1963 年控股日本邓禄普，并更名为住友橡胶工业有限公司。2020 年产品销售收入 7 908 亿日元，轮胎销售量 1.08 亿条，在全球设有 69 家海外分公司、研发机构，员工总数 4 万人。中国第一家生产基地于 2002 年 6 月 21 日在江苏省常熟市成立，现今成为国内轮胎市场上最具竞争力和影响力的大型企业之一。2010 年 9 月，住友橡胶（湖南）有限公司成立。2010 年 12 月，为了全面负责在中国的住友橡胶集团轮胎事业，住友橡胶（中国）有限公司成立。

国内天然橡胶贸易商相对较多，规模大小不一，总体而言，山东、浙江、江苏、上海等省市贸易商较多，主要是因为这些省市集中了中国大量的轮胎制造企业。其中山东省的橡胶进口贸易量最大，占到中国天然橡胶进口量的 40％以上。2021 年 3 月 8 日，中国橡胶工业协会公示了 2021 年 8 家诚信橡胶产业服务商、18 家诚信橡胶贸易商名单。8 家诚信橡胶产业服务商分别是：海南天然橡胶产业集团股份有限公司、云南天然橡胶产业集团有限公司、广东省广垦橡胶集团有限公司、合盛天然橡胶（上海）有限公司、上海诗董贸易有限公司、联益联润（青岛）贸易有限公司、山东京博中聚新材料有限公司、浙江信汇新材料股份有限公司。18 家诚信橡胶贸易商分别是：上期资本管理有限公司、上海沪巨联实业股份有限公司、上海成俊橡塑有限公司、上海连康明化工（集团）有限公司、青岛全美橡胶轮胎有限公司、青岛佳诺商务有限公司、青岛润生荣国际贸易有限公司、物产中大欧泰有限公司、东莞市同舟化工有限公司、远大橡胶有限公司、雅吉国际贸易（上海）有限公司、厦门建发原材料贸易有限公司、江苏海企橡胶有限公司、西双版纳顺达进出口贸易有限责任公司、孟定腾鑫实业有限责任公司、广州京沙橡胶贸易有限公司、翱兰（上海）商贸有限公司、勐腊县曼庄橡胶有限公司。

六、天然橡胶价格

（一）价格影响因素

天然橡胶价格主要受供求关系的影响，因此影响天然橡胶价格的因素主要有：

1. 主要产胶国的出口行情

国际市场上天然橡胶的供应完全控制在泰国、马来西亚、印度尼西亚、越南等少数几个国家手中。而天然橡胶的使用大国美国、日本等则不生产天然橡胶，需求完全依赖进口，其对天然橡胶的价格支持也显而易见。

2. 国际市场交易行情

天然橡胶已经成为国际上一种典型的农产品期货品种，在期货交易中占有一定的份额。目前，从事天然橡胶期货交易的主要有：东京工业品交易所、日本神户橡胶交易所、新加坡 RAS 商品交易所、吉隆坡商品交易所。其中东京和新加坡交易的影响最大，由于所占市场份额较大，因此能反映出世界胶市行情基本动态。

3. 国际天然橡胶组织

国际天然橡胶组织（INRO）成员国签定的国际天然橡胶协议，对天然橡胶市场价格走势会产生重要影响。

4. 中国天然橡胶的生产和消耗

中国天然橡胶生产的数量、成本直接关系到国内天然橡胶市场的价格。国内天然橡胶使用量的变化和加工企业对天然橡胶价格的接受能力也作用于天然橡胶的价格水平，中国对天然橡胶的进口政策及税率水平影响着天然橡胶市场价格。

5. 合成胶的生产及应用情况

合成胶的生产及应用情况，包括合成胶的上游产品原油的市场情况。天然橡胶与合成胶在某些产品上可以互为替代使用，因此当天然橡胶供给紧张或价格趋涨时，合成胶则会用量上升，两者的市场存在互补性。另外由于合成胶是石化类产品，石油价格会影响合成胶的价格水平，合成胶价格水平的变化则影响到对天然橡胶的需求上，这一点也不能忽视。

6. 主要用胶行业的发展情况

天然橡胶主要用于轮胎，轮胎行业的景气度直接影响天然橡胶市场。汽车工业又是使用轮胎的大户，因此汽车工业的发展和国家对汽车工业的政策会影响到对轮胎需求，并影响对天然橡胶的需求。

7. 政治因素

各国政府对天然橡胶生产和进出口的政策会影响天然橡胶价格走势。天然橡胶是重要的军用物资，对重大政治事件的发生有较敏锐甚至强烈的反应，在发生战争时，各国必须最大限度确保天然橡胶的供应数量。

（二）价格波动情况

全球天然橡胶交易发展及市场形成是伴随着天然橡胶生产消费的发展逐步形成和发展起来的，全球天然橡胶交易市场可以分为现货市场和期货市场。天然橡胶价格受供需平衡的影响很大，供不应求，价格上涨，供过于求，价格下跌。

1. 现货市场

亚洲地区是世界最大的天然橡胶生产和消费区域，同样也是世界最大的天然橡胶现货交易中心。在泰国、印度尼西亚和马来西亚等天然橡胶主产国，天然橡胶现货交易市场均有一定的发展，在各国国内天然橡胶种植园集散地周围，均有各种不同形式的天然橡胶交易市场。当前东南亚天然橡胶现货交易价格主要参照三大期货指标：一是东京工业品交易所（TOCOM）上市的日胶期货，主要标的物是泰国进口三号烟胶片，影响范围在泰国、印度尼西亚；二是新加坡商品期货交易所（SGX）上市的标准胶，影响范围主要在泰国、印度尼西亚和马来西亚；三是中国上海期货交易所（SHFE）上市的沪胶，主要标的物是国产全乳胶和泰国进口 3 号烟胶片，影响范围在东南亚泰国和国内市场。新加坡以其优越的地理位置、现代化的交易手段以及健全和稳定的金融体系逐步成为了全球最大的天然橡胶集散中心，处理了全球50％以上的天然橡胶现货交易。

2. 期货市场

进入 21 世纪以后，天然橡胶期货步入快速发展时期，特别是随着中国期货市场的迅猛发展，天然橡胶期货的市场规模和影响力得到显著提升，2003 年上海期货交易所的天然橡胶期货市场规模超过了日本和新加坡市场。从全球范围看，目前上市了天然橡胶期货的交易所主要有六家，分别是东京工业品交易所、大阪商品交易所（OME）、新加坡商品交易所、吉隆坡商品交易所（KLCE）、泰国农产品期货交易所（AFET）和上海期货交易所。目前，东京工业品交易所、新加坡交易所和中国上海期货交易所是全球最主要的天然橡胶期货交易市场。

3. 价格走势变化

2011 年 2 月天然橡胶价格达到顶峰，期货价格最高点 43 500 元/吨。国际市场上，泰国 RSS3 最高价为 6 445 美元/吨，印度尼西亚 SIR20 最高价为 5 770 美元/吨，新加坡期货市场的到期 RSS3 现货最高价为 6 480 美元/吨。国内主产区，国产标准胶（SCRWF）海口平均价格为 41 390 元/吨，云南平均价格 42 460 元/吨；国内主销区，上海市场国产标准胶（SCRWF）最高价为 42 500 元/吨，青岛市场最高价为 42 400 元/吨，天津市场最高价为 42 500 元/吨。

自 2011 年 3 月开始，国内外市场天然橡胶价格一路震荡下跌。2021 年 5 月，国际市场上，泰国 RSS3 平均价格为 2 376 美元/吨，最高价为 2 425 美元/吨，印度尼西亚 SIR20 平均价格为 1 702 美元/吨，最高价为 1 755 美元/吨；国内主产区，海南原料胶（折干胶）平均价格 13 194 元/吨，云南原料胶（折干胶）13 053 元/吨；国内主销区，上海市场国产标准胶（SCRWF）平均价格 13 239 元/吨，最高价为 13 950 元/吨，青岛市场平均价格 13 247 元/吨，最高价为 14 000 元/吨，天津市场平均价格 13 247 元/吨，最高价为 14 000 元/吨。

2011—2020 年天然橡胶期货市场价格如表 6 - 35 所示，2011—2020 年天然橡胶国际市场现货价格数据如表 6 - 36 所示。从表 6 - 35、表 6 - 36 可以看出，天然橡胶市场价格从 2011 年开始持续震荡下跌，2017 年有一次反弹，主要是 2016 年中国天然橡胶进口量大增，国际大宗商品只要中国大量购买价格必然暴涨，引发国际天然橡胶价格从 9 350 元直接飙升至 23 310 元。2019 年中国天然橡胶（包括胶乳）进口量达到 245 万吨下降 5.5%，导致 2020 年初天然橡胶价格也跌至 9 300 元。

2020 年天然橡胶总体价格行情较 2019 年强，年初沿袭了 2019 年的价格低迷，到 5、6 月份，中国率先控制住疫情，天然橡胶需求量增大，价格开始逐渐上涨，2020 年天然橡胶主要初加工品种期货、现货月度价格情况如表 6 - 37。

国内现货市场上，2011—2020 年天然橡胶市场价格基本沿袭国际市场的走势，中国对天然橡胶进口量的变化很大程度上影响着国际市场天然橡胶价格，但是不是控制国际市场价格，而是被动接受国际市场价格，进口量增

表 6 - 35　2011—2020 年天然橡胶期货市场价格数据

年份	2011	2012	2013	2014	2015	2016	2017	2018	2019	2020
上海期货交易所 (RSS3, 元/吨)	33 282.3	25 275.0	19 855.2	13 599.5	12 226.7	11 816.3	14 511.5	11 217.5	11 414.6	11 518.3
新加坡期货交易所 (RSS3, 美元/吨)	4 829.2	3 377.9	2 795.1	1 956.5	1 560.5	1 641.9	2 001.8	1 551.8	1 648.2	1 760.5
新加坡期货交易所 (TSR20, 美元/吨)	4 519.3	3 161.8	2 517.2	1 710.4	1 370.2	1 379.2	1 650.9	1 364.7	1 405.7	1 317.1
东京期货交易所 (RSS3, 日元/千克)	372.0	264.4	260.1	200.4	186.3	179.1	236.9	166.6	190.5	189.3

表 6 - 36　2011—2020 年国际市场天然橡胶现货价格数据

年份	2011	2012	2013	2014	2015	2016	2017	2018	2019	2020
东京 (RSS3, 日元/千克)	381.5	263.2	261.9	203.3	186.7	175.7	238.9	166.9	186.1	182.8
印度尼西亚 (SIR20, 美元/吨)	4 636.8	3 250.4	2 521.2	1 714.7	1 379.1	1 387.0	1 661.6	1 379.4	1 438.9	1 336.6
泰国 (Conc latex, 泰铢/千克)	93.8	68.7	56.2	43.8	35.7	37.6	45.6	35.3	35.7	36.9
泰国 (RSS3, 泰铢/千克)	148.3	106.4	85.8	64.0	54.2	58.2	69.2	50.7	51.7	54.5
泰国 (STR 5L, 泰铢/千克)	144.6	103.0	80.6	59.1	51.0	58.1	65.7	51.0	51.6	52.7
泰国 (STR20, 泰铢/千克)	141.6	100.8	77.6	56.2	47.6	49.3	59.5	44.9	45.5	42.9
印度 (RSS3, 卢比/千克)	222.0	187.2	171.6	138.3	123.9	124.4	139.0	127.8	135.6	138.7
印度 (RSS4, 卢比/千克)	216.7	184.4	168.8	136.6	121.1	121.8	136.0	125.9	132.0	134.8
马来西亚 (SMR L, 令吉/吨)	14 460.9	10 428.2	8 344.1	6 758.0	6 523.9	6 775.5	9 030.1	6 666.4	8 090.9	8 270.1
马来西亚 (SMR10, 令吉/吨)	13 601.4	9 554.8	7 803.6	5 565.0	5 232.0	5 685.7	7 130.0	5 458.5	5 779.5	5 469.1
马来西亚 (SMR20, 令吉/吨)	13 553.6	9 490.1	7 783.6	5 545.0	5 212.0	5 665.7	7 109.5	5 438.5	5 779.5	5 469.1
马来西亚 (Bulk latex, 令吉/吨)	8 924.8	6 599.9	5 617.2	4 376.5	4 118.6	4 573.8	5 946.6	4 304.9	4 524.5	4 897.1
欧盟 (TSR20, 欧元/吨)	3 330.1	2 528.2	1 958.6	1 359.8	1 298.9	1 288.8	1 541.2	1 225.3	1 327.8	1 241.9
纽约 (RSS1, 美元/吨)	5 168.3	3 725.8	3 139.6	2 329.4	1 881.1	1 856.8	2 312.8	1 835.8	1 906.5	2 101.8
纽约 (TSR20, 美元/吨)	4 794.0	3 414.5	2 746.9	1 961.0	1 609.9	1 532.8	1 843.8	1 614.5	1 662.2	1 651.3

表 6 - 37 2020 年天然橡胶主要初加工品种期货、现货月度价格数据

月份	期货市场					现货市场				
	上海(RSS3,元/吨)	新加坡(RSS3,美元/吨)	新加坡(TSR20,美元/吨)	东京(RSS3,日元/千克)	泰国(RSS3,泰铢/千克)	印度尼西亚(SIR20,美元/吨)	印度(RSS3,卢比/千克)	马来西亚(SMR20,林吉特/吨)	泰国(Conc latex,泰铢/千克)
1 月	12 529.3	1 657.2	1 464.3	160.0	48.8	1 485.5	137.3	5 903.8	33.6
2 月	11 282.8	1 579.9	1 338.0	181.0	48.8	1 362.4	141.4	5 496.8	34.6
3 月	10 143.0	1 507.4	1 207.1	143.4	48.0	1 237.2	136.3	5 174.5	33.1
4 月	9 670.9	1 337.1	1 089.0	141.4	44.5	1 115.6	135.0	4 726.4	32.3
5 月	9 942.1	1 353.3	1 090.0	138.1	44.6	1 114.5	131.6	4 701.3	33.7
6 月	10 188.9	1 428.3	1 141.2	141.7	47.0	1 168.4	121.8	4 843.3	36.2
7 月	10 548.0	1 500.7	1 179.8	179.0	48.2	1 182.9	127.5	4 978.6	34.9
8 月	11 160.5	1 760.5	1 305.1	182.9	54.3	1 311.2	134.3	5 386.8	35.7
9 月	11 624.8	1 969.0	1 360.5	217.5	61.6	1 365.6	135.6	5 585.0	38.0
10 月	12 898.0	2 238.1	1 523.7	285.0	68.4	1 540.3	143.0	6 217.6	44.3
11 月	13 914.3	2 428.4	1 552.7	247.9	69.8	1 576.4	158.8	6 327.4	43.5
12 月	14 316.5	2 366.3	1 553.8	253.5	69.5	1 578.8	161.5	6 287.4	42.9
月均价	11 518.3	1 760.5	1 317.1	189.3	54.5	1 336.6	138.7	5 469.1	36.9
同比变化	0.91%	6.81%	-6.30%	-0.63%	5.42%	-7.11%	2.29%	-5.37%	3.36%

加，国际市场价格上涨，进口量减少，国际市场价格下降。表 6-38 列出了 2020 年国内标准胶 SCRWF 月度市场价格情况。

表 6-38　2020 年国内标准胶 **SCRWF** 月度市场价格数据

单位：元/吨

月份	1 月	2 月	3 月	4 月	5 月	6 月	7 月	8 月	9 月	10 月	11 月	12 月
天津市场	12 190	11 125	10 040	9 686	10 011	10 144	10 472	11 144	11 671	13 484	13 715	13 672
山东市场	12 200	11 139	10 017	9 644	9 979	10 123	10 482	11 151	11 688	13 619	13 613	13 639
上海市场	12 218	11 170	10 032	9 623	9 996	10 132	10 497	11 157	11 678	13 612	13 690	13 652
云南市场	12 394	11 766	10 325	9 782	10 154	10 313	10 543	11 118	11 658	13 581	14 601	14 115

第七章　全球天然橡胶发展展望

一、中长期展望

（一）价格

中长期天然橡胶价格有望继续上涨。主要源于：①未来天然橡胶供应不会大幅增长。2011年前后，胶价高位运行时新种植以及更新种植的橡胶园已经进入开割期，2014年以来橡胶新种、更新速度均相对较缓，在胶价持续低迷的背景下，天然橡胶产量不会大幅度增长。短期来看，因东南亚主产国遭受极端天气交替、新冠肺炎疫情反复，以及在胶农割胶积极性提高有限且新增开割面积占比较小的基础上，2021年天然橡胶产量相对2020年略有增长，但是，2022年天然橡胶产量不会出现大幅增长。②未来汽车产销及轮胎等下游需求向好有望继续导致天然橡胶供需偏紧。当前国内胶价处于13 000～14 000元/吨，国际上泰国RSS3市场价格已突破2 200美元/吨，泰国STR20混合胶价也达到1 660美元/吨，因此长期来看，国内胶价高点有望达到15 000元/吨，国际天然橡胶价格有望突破2 000美元/吨。

（二）生产

受全球扩张性货币政策和新兴市场轮胎需求增长的推动，全球金融危机暴发后，天然橡胶和合成橡胶行业的投资实现大幅增长。过去10年来，生产能力和产量迅速上升，特别是亚太地区，现在超过90%的天然橡胶产自东南亚。在21世纪初期，天然橡胶的快速扩张是由泰国、湄公河流域国家和科特迪瓦驱动的，这些国家的新区投资已经达到了生产周期的成熟阶段，未来一段时期天然橡胶产量还将继续增长，但是增幅明显放缓，不会大幅度增长，局部和阶段性短缺还会存在，几大产胶国的排名和影响力将会波动。

（三）消费

世界天然橡胶消费需求重心逐步转移至亚洲。1960—2020 年，世界天然橡胶平均年消费复合增长超过 3％。天然橡胶世界年消费量从 1960 年的 200 万吨，上升至 2020 年的 1 270.2 万吨。轮胎行业是天然橡胶的最大消费体。新兴市场基础设施发展投资加上亚洲不断增长的人口，吸引了汽车业开拓新领域，扩大了亚洲现有产能，亚洲消费比重不断提升，亚洲区域内中国和东盟国家成为天然橡胶消费增长贡献度最大的地区。2020 年，从消费国家层面看，中国、印度、美国及东盟国家的天然橡胶消费量占比较大，中国一直是天然橡胶消费的领头羊，印度超越美国、日本成为世界第二大消费国。中国消费占世界的份额不断提高，从 2005 年的 24.9％上升到 2020 年的 42.83％。同时，东盟从 2005 年的 11.3％上升到 2020 年的 16.79％。预计中国和东盟国家将成为未来天然橡胶消费增长的主导力量。

（四）贸易

全球的天然橡胶生产集中在泰国、印度尼西亚、马来西亚和印度、越南，轮胎生产集中在中国、北美、西欧、日本和韩国，天然橡胶的物流贸易基本是从东南亚运往中国、美国和西欧，同时中国的轮胎又主要出口到美国、墨西哥、英国、澳大利亚、阿联酋、沙特阿拉伯、加拿大。汽车消费和轮胎消费主要集中在经济发达和人口集中的区域，如美国、德国、英国、加拿大。天然橡胶产业在全球范围内的物流呈现以东南亚为辐射地，以原材料或成品的形式向世界各地输送的格局。中国正逐渐成长为新的天然橡胶贸易中心，全球需求向以中国为首的新兴市场转移。全球天然橡胶产量稳步增长，需求则从发达国家向新兴市场转移，未来贸易将会越来越活跃。

展望未来国际天然橡胶产业发展形势，全球天然橡胶生产和消费将继续保持增长趋势，增速相对平缓；供需基本平衡格局不会改变；国际贸易规模仍将继续扩大，但增速将放缓。据国际橡胶研究组织（IRSG）、天然橡胶生产国协会（ANRPC）预测，到 2030 年，全球天然橡胶产量将增长到 1 850 万吨，消费量将增长到 1 810 万吨，不存在产需缺口；受居民生活水平的提高、汽车行业扩大产能的影响，天然橡胶的国际贸易量将继续增长，届时全球贸易规模将达到 2 850 万吨，从 2020 年算起，后续十年天然橡胶贸易量年均增幅 2.2%，相比过去增速明显下滑。

二、短期研判

（一）全球天然橡胶供需在短期内波动程度不大

天然橡胶的产量受种植面积、单产、割胶经济性、天气等因素影响。全球范围来看，天然橡胶产量年平均增长率为 3.15%，消费量年平均增长率为 2.76%。过去数年天然橡胶种植的良好收益，掀起各产区种植热，特别是 2010—2011 年间天然橡胶价格大幅攀升，现货价格最高达到 4.38 万元/吨，胶农收益剧增，种胶积极性高涨，非洲、泰国、缅甸、柬埔寨、老挝等国家和地区近几年天然橡胶种植面积增长迅速，增幅超 10%。2011—2012 年大规模种植的胶树现在已经陆续开割，新增胶园将在逐步释放产量，年产量增幅预计稳定在 3%～4%，全球天然橡胶供应从略紧转向略宽松。但需多关注多种因素对供应的干扰作用，包括近年来产胶国物价和劳动力成本大增，席卷全球的新冠肺炎疫情，国际仓储物流受阻等。此外，天然橡胶价格却大幅走低，胶农收入大幅下滑，胶园开始普遍出现劳动力短缺，制约着橡胶种植业的进一步发展。中国、印度尼西亚和马来西亚的天然橡胶产业开始停滞甚至萎缩，亚洲的天然橡胶产业正在向缅甸、柬埔寨和老挝等劳动力成本低及劳动力资源丰富的国家转移，新兴天然橡胶生产国将成为世界天然橡胶的新增长点，但其增长量绝对值较小，天然橡胶供需在短期内波动程度不大。

（二）出现波动时对天然橡胶的主要消费国家带来的冲击

全球天然橡胶供给的稳定性趋于脆弱，产量的波动性在加剧，特别是在突发事件的影响下，其波动更加频繁。国际市场上天然橡胶的供应完全控制在泰国、马来西亚、印度尼西亚等少数几个国家手中，一段时期以来，由于厄尔尼诺、拉尼娜等气候因素的影响，这 3 大主产国生产波动加大，同时这 3 大主产国生产的联动性也在加强。而天然橡胶的使用大国美国、日本等则不生产天然橡胶，需求完全依赖进口，其对天然橡胶的价格支持也显而易见。中国是世界上第一大天然橡胶进口国，对国际胶价的影响也较大。天然橡胶供需短期内出现的波动，导致天然橡胶主产国限制天然橡胶的出口，必将影响国际市场上天然橡胶的供应量，直接影响天然橡胶主要消费国的供给，进而对主要消费国的轮胎、汽车行业带来影响。

（三）价格仍将以动荡波动为主

天然橡胶供需出现波动时直接体现在价格上，导致价格的波动，价格的波动将会给国民经济和天然橡胶产业带来冲击：上游橡胶种植者收益变得不可持续，生产积极性受到破坏，尤其当橡胶价格下跌时，价格低于成本，出现停割、弃割、失管等现象，当天然橡胶价格长期处于低位时，还将引发大面积砍伐胶园的悲剧；下游橡胶加工业也不能以稳定合理的价格购买使用天然橡胶，尤其在原料胶价格高企不下时，企业生产成本上涨，利润下滑严重，为减少市场波动的不利影响，橡胶加工厂将逐步展开重组、整合，3～5年内会有很多的小型工厂消失，同时会有年产超过百万吨的工厂出现，进一步发展成为规范的龙头企业，并会继续增加对下游工厂的直销，以配合下游工厂生产的需求。此外，天然橡胶属于高关联度产业，供需波动、价格波动具有较强的乘数效应，不利于整个国民经济物价水平稳定。

第八章　中国与国际天然橡胶发展

一、中国天然橡胶生产与加工现状

（一）我国天然橡胶产业发展历程

经过近六十多年的开发建设，我国突破国际公认的植胶禁区，在北纬18～24度大面积成功种植橡胶树，形成了较为完善、具有中国特色的天然橡胶产业体系，产业综合实力不断增强，其发展经历了几个阶段。

一是引种试种期（1904—1949年）。我国从1904年开始，陆续从国外引进橡胶种子和胶苗，在云南、海南、台湾和雷州半岛等地种植，但在新中国成立前的40多年间，橡胶生产发展十分缓慢，到新中国成立前夕，全国只有4.2万亩[①]橡胶园，年产干胶才200吨。

二是起步探索期（1950—1965年）。1950年，美国发动朝鲜战争，并对我国实行封锁禁运，妄图切断我国急需的橡胶等战略物资来源。当时社会主义阵营中除我国和越南外，均无热带作物生产，而越南主要热带作物种植区域又尚未解放。因此，社会主义阵营国家将发展天然橡胶的希望寄托在中国华南热带地区。为打破国外的封锁禁运，党中央做出了"为保证国防及工业建设的需要，必须争取橡胶自给""一定要建立自己的橡胶基地"的战略决策。1951年8月31日，中央人民政府政务院第100次政务会议，做出了"关于扩大培植橡胶树的决定"，对华南种植橡胶树作了部署，由此拉开了天然橡胶产业发展的序幕，至1965年，种植面积265.02万亩，干胶产量1.81万吨。1954年3月"华南热带林业科学研究所"成立于广州。不久随着天然橡胶生产管理体制的改变，先后更名为"华南热带作物科学研究所"和"华南亚热带作物科学研究所"，1958年迁至海南儋州（当时为儋县），并创

---

① 亩为非法定计量单位，1亩≈667平方米，下同。

办华南热带作物学院。1965 年，研究所更名为"中华人民共和国农垦部热带作物科学研究院"，后又更名为"华南热带作物科学研究院"。

三是曲折增长期（1966—1985 年）。在"有条件要上，无条件创造条件也要上"的极"左"思想指导下，盲目扩大种植面积，缺乏有效管护，导致产胶能力和橡胶树保存率较低。自从有橡胶树人工栽培以来，世界上各植胶国都是在赤道以南 10 度到以北 15 度之间的低海拔、低纬度的热带地区种植橡胶树，纬度 15 度以北被认为是大面积植胶不可逾越的禁区。1976 年以后，在华南热带作物科学研究院、华南热带作物学院联合广东、海南、云南、广西、福建等省区的橡胶育种站，热带作物研究所、试验站搭建起的天然橡胶科学研究网络的支撑下，克服重重困难，探索总结出一整套适合我国华南地区自然条件的橡胶种植与初加工技术，形成了独具中国特色的橡胶科学技术体系，填补了中国热带作物技术研究的空白，改变了中国在天然橡胶科学技术研究领域的落后局面。同时，独具中国特色的热带北缘橡胶栽培技术，载入了世界天然橡胶科技史册，丰富和发展了世界天然橡胶科学技术体系的宝库。中国成为世界上第一个在北纬 18～24 度范围内大面积植胶成功的国家，为世界橡胶树在非传统植胶区种植创造了比较完整的经验与成套技术，对世界天然橡胶产业的发展做出了特殊的贡献。至 1985 年，天然橡胶种植面积 777.45 万亩，干胶产量 18.77 万吨。

四是快速发展期（1986—2006 年）。1986 年，党中央作出做出了大规模开发南亚热带作物的决定，成立了国务院发展南亚热带作物指导小组，制订南亚热带作物种植和资源开发利用的综合规划；研究拟定发展南亚热带作物生产的方针、政策和扶持措施；加强南亚热带作物及其产品的科研工作；协调解决各部门、各地区工作中的有关重大问题。在科学引导、政策推动和经济发展带动下，农垦系统天然橡胶产业稳步推进，民营天然橡胶产业也得到迅猛发展。至 2006 年，天然橡胶种植面积 1 164.22 万亩，干胶产量 53.79 万吨，分别比 1986 年增长 42％和 157％，其中农垦天然橡胶种植面积 669.20 万亩，干胶产量 32.37 万吨，民营天然橡胶种植面积 459.02 万亩，干胶产量 21.42 万吨。

五是调整升级期（2007—2012 年）。2007 年以来，国家相继出台了《国务院办公厅关于促进我国天然橡胶产业发展的意见》（国办发［2007］10

号)、《国务院办公厅关于促进我国热带作物产业发展的意见》(国办发〔2010〕45号),明确了新时期天然橡胶产业的发展目标、发展重点和支持措施。原农业部出台了《全国天然橡胶优势区域布局规划(2008—2015年)》(农计发〔2008〕20号)。在良种补贴、种质资源保护、病虫害监测与防控、标准化抚育技术示范片建设等扶持政策的引导下,我国天然橡胶产业从单纯追求数量向数量质量效益并重转变,从主要依赖资源消耗的粗放经营向创新驱动的可持续集约经营转变,从主要关注种植生产向建设产业体系转变。建成了一批具有一定规模的良种苗木繁育基地和标准化胶园,集成推广了高效割胶、测土配方施肥、病虫害综合防治等先进适用技术,形成了科研、种植、加工、物流、贸易相配套的产业体系。

六是高质量发展期(2013年至今)。党的十八大以来,天然橡胶产业迎来了稳步发展期。2013年4月,习近平主席到访海南,提出做强做精做优热带特色农业,使热带特色农业真正成为优势产业和海南经济的一张王牌;2016年,热作农业写入中央1号文件,"大力发展旱作农业、热作农业、优质特色杂粮、特色经济林、木本油料、竹藤花卉、林下经济";2017年4月,国务院印发《关于建立粮食生产功能区和重要农产品保护区的指导意见》,全面部署"两区"划定和建设工作,选择了水稻、小麦、玉米三大粮食作物,划定9亿亩粮食生产功能区;选择大豆、棉花、油菜籽、糖料蔗、天然橡胶五类重要农产品,划定2.38亿亩重要农产品生产保护区;2018年4月,习近平主席出席庆祝海南建省办经济特区30周年大会并发表重要讲话,明确提出要加强国家南繁科研育种基地(海南)建设,打造国家热带农业科学中心,支持海南建设全球动植物种质资源引进中转基地;2020年,农业农村部农垦局主持编制《天然橡胶生产能力建设规划(2021—2025年)》,着力提高我国天然橡胶综合生产能力,保障国民经济关键领域用胶安全;启动天然橡胶生产保护区精准支持政策研究;围绕建设好、管护好天然橡胶生产保护区,研究协调创设保护区精准支持政策,支持主产区开展天然橡胶收入保险试点,探索生态胶园建设模式,推动建立混合橡胶标准制度。中国天然橡胶产业进入高质量发展阶段,中国已经成为天然橡胶的生产大国、消费大国、进口大国,以天然橡胶科技为主的热带农业科技成为国家优质外交的靓丽名片,以天然橡胶走出去为主的中国热带农业走出去,引领全球热带农业发展。

（二）生产结构情况

1. 种植逐步向优势区域集中

我国橡胶树在海南、云南、广东、广西和福建等省（区）均有种植。经过不断调整优化，种植逐步向气候条件适宜、比较效益高的优势区域集中，区域布局日趋合理，广西、福建种植规模逐渐缩小，形成了海南、云南、广东三大生产基地。主产区主要集中在海南和云南南部热带地区，两省的天然橡胶产量占全国总产量的比重达到 95% 以上。从天然橡胶生产保护区划定来说，全国划了 1 800 万亩，其中云南划定了 900 万亩，海南划定了 840 万亩，两省的保护区面积占到全国的 96.67%。2020 年，云南省橡胶树种植面积已超过 860 万亩，海南橡胶树种植面积已经超过 800 万亩。

2. 品种结构不断优化

截至 2020 年，我国共引进国外橡胶树品种 250 多个，橡胶树种质资源圃保存种质资源 6 170 份。在此基础上，经过多年科研攻关，选育出热研 7-33-97、热研 7-20-59、云研 77-2、云研 77-4 等一批抗性高产品种及热垦 525、热垦 628 等胶木兼用品种，实现了品种选育由注重天然橡胶产量向胶、木产量并重转变。同时，实现了由实生树—低产芽接树—高产芽接树的升级换代，并向自根幼态种植材料方向发展。目前，新植胶园良种覆盖率达 100%，单产水平不断提高。全国 PR107 种植面积 324.6 万亩、RRIM600 种植面积 360.2 万亩、热研 7-33-97 种植面积 262.4 万亩、GT1（含实生老树）种植面积 220.5 万亩、云研 77-4 种植面积 130.9 万亩、云研 77-2 种植面积 93.0 万亩、大丰 95 种植面积 6.1 万亩、热研 8-79 种植面积 18.3 万亩、IAN873 种植面积 10.2 万亩、热研 917 种植面积 1.1 万亩、云研 73-46 种植面积 17.0 万亩、云研 1 号种植面积 0.8 万亩、湛试 327-13 种植面积 5.3 万亩、热垦 525 种植面积 1.6 万亩。

（三）加工现状

1. 加工工艺

我国天然橡胶初加工业的发展可追溯到 1915 年，但新中国成立前一直停留在手工作坊的落后状态，产品也只有烟胶片一种。1954 年起开展天然橡胶初加工产品的研究试验；1955 年开始半机械化加工烟胶片和膏化法浓缩胶乳的生产试验，并分别在 1955 年和 1958 年进行膏化法浓缩胶乳和离心法浓缩胶乳的生产；20 世纪 60 年代初主要加工成烟胶片，60 年代中期曾推广生产风干胶片和皱片胶；1973 年，为使天然橡胶能进行科学的分级及大规模提高生产效率，降低生产成本，我国开始标准橡胶的研制工作，即把片状胶的生产改为颗粒胶的生产，历时 3 年初步实现了生产工艺和设备连续化、机械化，使产品质量大幅度提高，一致性较好，并于 1976 年开始推广生产；到 1987 年，我国农垦系统的橡胶加工厂已全部将片状胶的生产改为标准胶的生产，年加工能力达到 45 万吨；并制订了符合国际惯例，又适合我国国情的天然橡胶技术等级标准，使其走向标准化生产。

　　经过 60 多年的努力，我国天然橡胶初加工产品的品种不断增加，生产工艺、加工设备不断改进和完善，初加工成本和原材料、能源消耗不断降低，并建立健全了加工厂管理体系和产品质量保证体系，使我国的天然橡胶初加工技术达到世界先进水平。目前我国天然橡胶初加工品种有标准橡胶、离心浓缩胶乳、烟胶片和胶清胶等，其中标准胶又分为胶乳级标准胶和凝胶级标准胶。我国胶乳级标准胶以 5♯标准橡胶为主（SCR5），占我国天然橡胶总产量的 70%～80%。近年来各种具有特殊性能的胶乳级标准橡胶也已在市场销售，如颜色浅、清洁度高的浅色标准橡胶（SCR3L、SCR5L）、门尼黏度恒定的恒黏标准橡胶（SCR-CV），具有良好物理机械性能的子午线轮胎标准橡胶（SCR-RT5），航空轮胎标准橡胶（SCR-AT）等。凝胶级橡胶主要用于生产 10♯标准胶（SCR10）和 20♯标准胶（SCR20）。我国研发的杂胶"三级造粒清洗"关键技术，解决了杂胶清洗难题，创造了我国独特的杂胶标准胶加工技术，并在子午线轮胎专用橡胶的生产中推广应用；设计的杂胶标准胶成套生产设备已出口尼日利亚、泰国，打破了马来西亚天然橡胶加工技术与设备独霸非洲和泰国市场的局面，表明我国杂胶标准胶的生产技术已达到国际先进水平。我国生产加工的浓缩胶乳全部是离心法浓缩胶乳，年产浓缩胶乳 5 万～7 万吨，产量约占干胶总产量的 10%。胶乳制品由通用胶转向专用胶多品种方向发展，研发的专用胶乳有低氨浓缩胶乳、纯化胶乳、硫化胶乳、输血胶管专用胶乳、天甲胶乳、羟胺胶乳、肼-甲醛胶乳、耐寒胶乳和阳电荷胶乳等。

2. 加工厂建设

我国天然橡胶加工厂全部分布在海南、云南、广东三大植胶区。2002 年以前，我国共有大大小小天然橡胶加工厂 354 家，其中海南省 175 家（海南农垦 87 家，民营 88 家），云南省 134 家（云南农垦 52 家，民营 82 家），广东省 45 家（广东农垦 23 家，民营 22 家）；天然橡胶加工厂的规模普遍偏小，海南农垦的标准胶厂和浓乳厂的平均规模分别为 2 266 吨/年和 2 352 吨/年，云南农垦的标准胶厂和浓乳厂的平均规模分别为 2 643 吨/年和 1 328 吨/年，广东农垦和民营的平均规模在 1 000 吨/年以下，而国外标准胶厂和浓缩胶乳厂基本上是万吨以上的生产规模。由于技术、设备、管理水平、工厂整体素质跟不上，产品质量波动大；加上受地理环境、胶树品种、割胶制度和生产季节等影响，不同加工厂之间的产品和同厂不同批次的产品质量存在着较大的差异，给用户特别是轮胎厂这样的大用户在工艺技术上带来不便，并可能造成质量的不稳定。2002 年，我国开始实施"天然橡胶行动计划"，调整天然橡胶的加工布局。经过近 20 年的努力，海南省现有天然橡胶加工厂 28 家，其中海胶集团 13 家，平均生产规模达 2 万吨/年；民营 15 家，平均生产规模达 5 000 吨/年，产量超过万吨的也有 6 家。广东省只有广东农垦 3 家，全部生产浓缩胶乳，平均生产规模在 5 000 吨/年以上。云南省由于特殊的原因，仍有加工厂 130 多家，但过万吨的加工厂仍有 10 家。中化国际 3 家，具备 10 万吨/年的天然橡胶加工能力。天然橡胶加工布局调整使我国天然胶加工的生产规模、生产工艺、生产技术、生产设备都有很大的改进、提高和创新，规模化生产使产品质量一致性得到大大地提高；同时降低了加工生产成本，提高了经济效益。

二、中国对国际天然橡胶市场的需求

近年来，中国对天然橡胶的市场需求不断攀升。数据显示，中国从 2001 年开始，超越美国成为全球最大的天然橡胶消费国，消耗了全球接近 50% 的天然橡胶，而中国国内供应增幅有限，目前高度依赖进口，自给率已经低于 15%。2020 年底，我国天然橡胶种植面积为 1 735 万亩，开割面积

1 155 万亩。但受胶价持续低迷、新冠肺炎疫情以及海南产区台风暴雨、云南产区白粉病等因素的影响，胶农割胶意愿较低，潜在产能没有挖掘，全国天然橡胶产量 68.76 万吨，由 2019 年的全球第四位产胶大国跌至第五位，位居泰国、印度尼西亚、越南、科特迪瓦四个国家之后。据测算，2020 年我国天然橡胶自给率约为 13.70%，连续 7 年自给率不足 20%。在中国国内重卡配套轮胎成倍增长、替换胎市场增幅加大、全钢胎出口总量增加、共享单车神奇扩张等因素的影响下（天然橡胶的消耗中，轮胎占了 60% 以上），以及由于碳达峰、碳中和、对环境保护的重视，各橡胶制品厂（包括非轮胎橡胶制品企业）对天然橡胶的市场需求将会进一步增加。预计到 2025 年，中国天然橡胶需求量将达 600 万吨，供需缺口高达 500 万吨，对全球天然橡胶市场的影响不容忽视。

三、中国对国际天然橡胶市场的影响

中国是世界上天然橡胶第一大消费国，也是第一大进口国，但是并没有真正掌握国际市场上天然橡胶的定价权。现阶段，国际上影响力较大的天然橡胶期货市场主要集中在上海期货交易所、东京工业品交易所与新加坡期货交易所。此前，天然橡胶定价权一直在日本东京。2008 年后，上海期货交易所影响力日益增强，定价权逐渐向上海偏移，中国对国际天然橡胶的影响力进一步增强。2020 年，中国共向 33 个国家或地区进口天然橡胶，主要集中在泰国、马来西亚、越南、印度尼西亚、老挝、缅甸、科特迪瓦、柬埔寨、菲律宾、尼日利亚、加纳、斯里兰卡、喀麦隆等国家。作为全球橡胶市场的最大买家，近年来，中国正逐步通过完善国内天然橡胶系列衍生品来凸显战略买家的地位，以拥有更大的定价话语权。2020 年 10 月 29 日，泰国泰华树胶（大众）有限公司、泰国联润橡胶有限公司、赛轮集团股份有限公司、青岛森麒麟轮胎股份有限公司、浙江永安资本管理有限公司、浙江浙期实业有限公司 6 家国内外企业共同签署了 20 号胶贸易定价期现合作备忘录，它们将在 20 号胶的采购与供应中采用上海国际能源交易中心 20 号胶期货价格作为定价基准，标志着我国期货市场对境内外天然橡胶市场价格的影响力显著提升。

四、中国天然橡胶产业走出去现状及主要问题

天然橡胶是典型的资源约束型产品，地理环境、土壤、气候、温度、湿度等种植条件决定了该行业资源约束型的特点和行业较高的进入壁垒，大大制约了中国天然橡胶产业的发展规模和水平。中国天然橡胶供给安全，完全依靠国际市场供给、完全实现国产化、扩大使用天然橡胶替代品等道路均行不通，只有抓住两种资源、两个市场，在保持一定程度的自给同时进口必要的天然橡胶作为补充，才是中国天然橡胶供给安全的必然选择。因此克服中国植胶区自然条件限制、寻求和获取更多的天然橡胶资源，"走出去"成为必然选择。

（一）走出去现状

"十一五"以来，广东、海南和云南三省农垦植胶企业积极部署海外产业，初步构建起以天然橡胶为主导的农垦境外产业经济体系，走出去战略取得了较好的成效。截至 2019 年底，中国在境外种植业企业投资种植的天然橡胶，产量达到 161.17 万吨，当年在东道国销售量 19.16 万吨，销售收入 2.59 亿美元。

广东农垦提出"海外再造新农垦"的宏伟蓝图，计划将天然橡胶海外经济份额提升到占广东农垦经济总量的 50％为目标。先后投资数千万美元新建了占 55％股份的泰国董里橡胶加工厂、全面收购泰国沙墩加工厂、建成印度尼西亚坤甸加工厂、在泰国东北部又新建年加工能力 4 万吨的广垦湄公河加工厂、启动马来西亚沙捞越州和沙巴州总面积达 33 万亩的两个橡胶种植项目、建成占 80％股份的马来西亚沙捞越州加工厂。2011 年 5 月与海外跨国公司和大国际投资集团联手合作，签订了总投资 4.25 亿美元的柬埔寨天然橡胶种植项目协议。目前，广东农垦在泰国、马来西亚、印度尼西亚、新加坡、柬埔寨、老挝、贝宁等国家建立起天然橡胶种植项目 5 个、种苗项目 2 个、加工项目 9 个、贸易项目 2 个、管理项目 2 个、综合性橡胶产业项目 1 个（即：泰华公司——主要包括 18 个加工厂、2 个种植项目、1 个贸易项目），在国内外共拥有各类天然橡胶研究机构 60 余家，资产总额 100 余亿元，境外橡胶加工能力达到 130 万吨，已签约并正在实施的境外胶园超过 90 万亩。

　　海南天然橡胶产业集团股份有限公司（简称海胶集团）是海南农垦控股的橡胶集团企业，于 2011 年 1 月成功在国内上市，作为海南农垦走出去发展的载体，继 2011 年收购了泰国第一大橡胶生产商泰华树胶 25％的股份后，2012 年 2 月，海南农垦集团和海胶集团共同出资，又收购了全球最大天然橡胶贸易公司之一的新加坡雅吉国际私人有限公司（简称 R1 公司）75％的股份。2017 年 8 月，海垦新加坡公司出资 1.37 亿美元完成了对印度尼西亚最大的天然橡胶加工贸易企业 PT Kirana Megatara45％股权以及新加坡橡胶贸易公司 Archipelago Rubber Trading Pte. Ltd. 62.5％股权的收购，大大增强了国际市场橡胶贸易资源的掌控能力。

　　近些年来海南农垦积极响应"一带一路"倡议，全面实施"走出去"，采取了几个方面的措施，来提高天然橡胶生产的国际化水平，以及天然橡胶生产的抗风险能力。第一是通过建设种植加工基地的方式开展合作。以海胶集团云南公司为平台，和老挝、缅甸、泰国等国的橡胶企业合作，支持云南公司在现有布局的基础上，到老挝、缅甸等国家种植橡胶，建设橡胶加工厂，实现战略性控制天然橡胶资源、增强天然橡胶国际话语权。第二是通过并购的方式开展合作。以海胶（新加坡）公司为平台，推进海垦集团的海外资源整合，携手印度尼西亚、马来西亚等国家的橡胶企业，聘请其管理团队一起拓展市场，完善天然橡胶生产、加工、贸易布局。2018 年开始，海垦集团天然橡胶控制量每年可达到 240 万吨以上。第三是通过"引进来"的方式开展合作。以海胶集团下属企业为平台，推进与马来西亚天然橡胶研究院的合作，加快"改性橡胶沥青道路技术"在国内公路建设中的市场应用。第四是通过争取橡胶市场话语权，主动参与国际竞争。2018 年 12 月 19 日，中国首个连接橡胶产销的价格指数体系——新华·海南农垦—天然橡胶系列价格指数面向全球发布。天然橡胶系列价格指数实现了大数据与产业的有机结合，通过采集、提炼大量市场数据，指数能够精准感知市场温度，配合有效的多渠道传播，可逐渐形成具有公信力的价值基准，为天然橡胶的贸易提供便捷的定价参考，从而大大降低信任成本，提升交易效率，真正发挥价格指数的风向标和晴雨表作用。

　　云南农垦则主要在老挝、缅甸等国开展境外橡胶取代罂粟种植，"十三五"期间采取种植与并购相结合，在老挝开发种植天然橡胶达到 50 万亩，辐射带动周边地区 300 万亩的橡胶资源，同时布局建设 10 座橡胶加工厂，形成 30 万吨橡胶产销规模；在缅甸布局 3 座制胶厂，实现年产 10 万吨干胶的产销规模；2006 年出资 452 万美元在老挝注册成立云橡公司，先后与老挝南塔、沙耶武里、波乔、琅勃拉邦四省签订橡胶产业开发协议，获批土地 6.25 万公顷，开发期限 35～50 年，截至 2020 年底已在老挝发展天然橡胶种植基地近 20 个，种植橡胶超过 10 万亩，建立优良种苗基地 1 000 多亩；2008 年开始加强在缅甸天然橡胶种植开发合作，在缅甸北部累计已种植天然橡胶超过 10 万亩；2010 年，云南农垦集团孟连橡胶有限公司与缅甸第二特区（佤邦）财政部合资组建了以天然橡胶收购、加工、销售为主营业务的云康制胶厂，年产干胶 1 万吨。

中化国际公司是中化集团旗下企业，其业务范围涵盖天然橡胶种植、生产加工、市场营销和橡塑助剂的研发、生产及相关增值服务等产业链的各个环节，从事国际国内一体化经营。2007 年，中化国际收购了马来西亚的一间橡胶工厂，公司的橡胶业务开始向国际化拓展。2008 年，公司收购新加坡上市公司 GMG Global Ltd 的 51％股权，并借助此次收购，将橡胶生产线迅速拓展到非洲国家。此后，公司又陆续收购泰国老牌橡胶加工厂德美行以及比利时家族企业 SIAT 公司 35％股权，这使得中化国际在非洲的天然橡胶资源由两个国家迅速扩展到五个。2016 年，中化国际收购新加坡上市公司 Halcyon Agri 的控股权，此举标志着中化国际成为全球最大天然橡胶平台。目前，中化国际已在喀麦隆、科特迪瓦、刚果（金）、尼日利亚、泰国、马来西亚、新加坡、印度尼西亚等多个国家直接或间接拥有 24 个橡胶种植园及 5 间工厂，土地面积超过 15 万公顷，可种植面积超过 6 万公顷，形成了 140 万吨加工产能、200 万吨年销量，自有加工产能占全球总加工产能的 11％，业务布局覆盖中国、东南亚、南亚、欧洲、非洲和美洲等地，形成了全球一体化、上下游全产业链条经营的业务格局，有效提高了我国对天然橡胶资源的控制力。

（二）走出去的挑战

1. 全球范围内争夺天然橡胶资源日益激烈

长期以来，我国天然橡胶进口高度集中在泰国、马来西亚、印度尼西亚、越南等国，2014 年进口总量的 96.77％来自上述四国，2016 年该四国进口总量占比为 95.90％，2020 年该四国进口总量占比为 89.96％％，虽然占比略有下降，但从上述四国进口总量持续增加。同时，美国、欧盟、日本等主要进口国和地区在世界适宜植胶区大量开发种植，占领资源。国际橡胶联盟也不断出台措施，以便垄断天然橡胶供应，调控国际市场价格，保护联盟成员国家农民经济利益。进口来源的高度集中、资源争夺的加剧和地缘政治的不稳定使我国天然橡胶供给存在不稳定因素。

2. 保障和维护国家天然橡胶安全的任务更加艰巨

受气候条件的限制，我国适合橡胶树生长的区域有限，仅海南、云南、广东等部分及福建、广西局部地区可以种植。目前适宜种植区域天然橡胶的种植格局、种植习惯已基本形成，改扩种橡胶树的土地面积非常有限。特别是随着工业化、城镇化进程不断加快、天然橡胶市场价格的持续低迷以及其他经济效益高的名、特、优、稀、新热带作物不断涌现，土地资源约束更加凸显，依靠扩大种植面积提高国内天然橡胶产量的空间十分有限。

3. 我国天然橡胶产业发展的话语权亟待加强

我国尚未建立起有效利用国际天然橡胶资源和市场的战略机制，在国际天然橡胶贸易中缺少话语权和定价权。新世纪以来，全球天然橡胶市场价格阶段性波动加剧，特别是近年来，天然橡胶价格暴涨暴跌，严重影响产业稳定、持续发展。高位时胶农超强度割胶，下游制品企业负担沉重；低位时胶农收入大幅下滑，胶农流失、胶园弃割弃管，甚至出现砍树改种其他作物的现象。橡胶树是长期作物，产能形成具有滞后性，一旦受损，短期内难以恢复，对天然橡胶供给造成深远影响。

4. 橡胶产品经贸等领域的摩擦加剧亟待破解

近年来，全球范围内的贸易保护主义、单边主义抬头。以美国为首的西方国家在经贸、投资、科技、产业等领域对我国进行全方位打压。同时，疫情发生后，一些国家"自顾"倾向明显上升，不仅要强化国内生产供应，还要压制我国对外合作空间。在这种政治环境下，天然橡胶进口面临的不确定性增加，统筹协调、破解贸易摩擦的任务更重。

5. 新冠肺炎疫情给天然橡胶产业的冲击亟待清除

国际疫情仍然复杂严峻，人流物流严重受阻，境外项目大都面临国内人员出不去、国外人员回不来的问题，天然橡胶相关产品的进出口受到口岸关闭、检疫要求升级、运输工具不足的影响，很多境外项目无法正常动工。同时，国际市场风险加剧，市场价格波动、境外合作企业违约、部分国家汇率大幅震荡等风险都在增加。

（三）存在的主要问题

1. 缺乏政府统筹规划与企业间协调，没有形成参与国际竞争的整体合力

从国家层面对天然橡胶对外投资的重点、战略目标及支持措施等，还没有成文的指导性意见。国内企业之间也未形成对外投资的协调机制，没有形成参与国际竞争的整体合力。云南在"金三角"地区的替代种植就存在企业多、规模小、管理不严、内部竞争激烈，零关税进口配额分配不合理，加工能力严重过剩等问题。

2. 政府支持政策落实困难，审批程序复杂

据不完全统计，目前国家涉及农业对外投资的重要政策性文件有近 30个，覆盖了项目审批、财政、融资、外汇、税收、保险等各个方面，主要的扶持政策包括公共财政对前期考察和运营的费用支持、信贷优惠、税收优惠、天然橡胶及复合胶进口税率、保险和融资担保等，但部分政策落实困难，天然橡胶企业争取政府财政支持难度较大，尤其是地方企业和民营企业难度更大。另外，审批手续依然比较复杂，时间成本较高，不能适应瞬息万变的国际竞争形势。

3. 境外投资环境信息缺乏，项目选择和落地较为困难

中国境外农业资源开发起步较晚，对全球范围内宜胶土地资源的分布、水土条件、气候气温等自然条件没有建立数据库。另外，虽然商务部每年都会发布《国别贸易投资环境报告》，但报告主要集中在宏观层面，不可能详细、深入地报告天然橡胶主产国及其他有开发潜力国家的政治状况、市场条件、法律法规、优惠政策、产业发展情况及劳动力状况等投资环境。天然橡胶对外投资项目落地的另一个困难是项目建设过程中的谈判成本和交易成本问题。由于天然橡胶主产国和其他宜胶国主要集中于东南亚、南亚、非洲和南美洲，大部分是欠发达国家和发展中国家，市场机制不健全，企业对外投资需要付出更多的资金和时间成本，还面临较大的政治和法律风险。

4. 劳动力缺乏，机械化水平难以提高

天然橡胶的割胶环节需要大量的劳动力，并且劳动时间集中在凌晨，工作非常辛苦。目前，劳动力缺乏是全球天然橡胶产业面临的一个突出问题，导致部分中国企业在境外种植的橡胶林放弃割胶。如果以劳务派遣方式派遣中国工人赴境外割胶，劳务输出成本和工资成本太高，将极大削弱企业的国际市场竞争力。可以预见，中国企业在境外尤其是非洲的新种植胶园会面临劳动力缺乏的挑战。未来可能的方向：一是延长割胶周期，7天甚至更长时间割一次。二是研发机械化割胶技术及与其相适应的收胶技术和管理手段等。

5. 进口依存度不断提高，稳定进口供应链面临较大压力

近年来，天然橡胶产业对外依存度不断提高，国际市场对国内产业的影响越来越大。新冠肺炎疫情后，国际市场天然橡胶价格波动震荡，供求多变，贸易政策多变，全球天然橡胶生产出现阶段性阻滞和局部减产的风险上升，全球范围内海运缺箱、爆仓、运费大幅上涨的问题持续恶化。在这种形势下，保障天然橡胶进口供应的稳定性和可靠性，防范市场风险，将是一项长期任务。

第九章 天然橡胶产业走出去战略布局

一、发展思路与目标

(一) 发展思路

立足国际国内两种资源、两个市场，紧紧围绕国家农业对外合作"十四五"规划和"十四五"时期共建"一带一路"农业合作规划等纲领性文件，统筹谋划重点国别、市场、产品的区域布局，以培育具有国际竞争力的跨国大胶商、大企业为抓手，以对外天然橡胶投资、贸易、技术合作为途径，以开发利用境外天然橡胶资源为突破口，以构建稳定、安全的天然橡胶供应体系为己任，着力创新农业对外开放机制，加快国内优势产能转移，有效促进国际国内天然橡胶要素有序流动、资源高效配置、市场深度融合，大力提升我国天然橡胶产业对外合作过程中的全球竞争力、资源配置力、市场控制力和国际影响力。

(二) 基本原则

——优化布局，突出重点。综合考虑境外目标国天然橡胶自然资源条件、经济社会发展水平、产业比较优势，优化生产区域布局，全面参与全球价值链、产业链建构，重点强化与东南亚、非洲等区域重点国家合作，突出主攻方向和关键环节。

——政府引导，市场主体。坚持以企业为主体，实行市场化运作，发挥市场在资源配置中的决定性作用，深化改革，加强政府对天然橡胶产业政策、资金、服务上的支持力度，促进企业间协同推进。

——龙头带动，优势互补。结合东道国发展诉求，充分利用我国资金、技术、市场及经验优势和多双边农业合作平台，发挥龙头企业的示范带动作用，抱团出海，构建天然橡胶种植、加工、仓储、物流、贸易全产业链体系，实现互利共赢。

——防范风险，持续发展。严把投资论证，强化市场、融资、汇率、政治风险监测与评估，做好应急预案，确保项目安全运营。主动融入东道国经济社会发展，自觉履行社会责任，保护生态环境，实现境外天然橡胶产业的可持续发展。

（三）发展目标

到 2025 年，培育 1～2 家具有国际竞争优势的跨国胶商企业，新建和收购一批境外天然橡胶种植园，建立境外若干生产加工基地和技术服务中心，初步建立面向东南亚和非洲等重点区域的天然橡胶产品加工、仓储、物流体系，提高我国在境外天然橡胶产能和供给能力；建立国际化的天然橡胶产品电子交易平台，推进天然橡胶期货上市交易，增强国际市场定价权。

到 2030 年，具有国际竞争优势的跨国胶商企业达到 5 家左右，境外天然橡胶全产业链建设取得明显进展，天然橡胶市场价格国际话语权稳步提升，天然橡胶产业走上高质量发展之路。

二、推动走出去的技术路径

（一）培育国际大胶商

依托广东、海南、云南三大植胶农垦拥有大基地、大产业和大企业的独特优势，深化国有天然橡胶企业改革，以混合所有制改革为契机，加大资源整合力度，实施联合体、联盟、联营体三大经营战略，推广产业化、集团化和股份化等三大现代经营模式；通过资源集聚与资本运作相结合等现代经营方式，组建天然橡胶行业联盟，在天然橡胶销售、加工、种业、科技创新、信息、产业基金等领域开展全面务实合作；通过实施"协同、交叉、一体化"战略和"联合、联盟、联营"方式，促进海南、云南、广东农垦天然橡胶资源整合和优化配置，加快形成以资本为纽带、联结紧密的利益共同体，打造国际化大胶商，牢牢把握天然橡胶产业的话语权和控制力。

（二）建立一批境外规模化生产加工基地

立足我国天然橡胶资源需求快速增长、供给需求缺口巨大，过度依赖进口易受制于人，而发达国家加快国际天然橡胶资源的争夺，国际主要产胶国建立资源联盟，极大制约了我国对国际橡胶生产、价格、市场等规则的参与权的现实背景，我国应加快实施走出去战略，按照政府引导、企业运作的方式，将企业建设境外天然橡胶生产加工基地项目列入政府间农业经济合作框架，转变海外投资方式，加快从目前独资、新建为主，转向以合资合作、新建、扩建、并购、参股、上市等多种方式并举，绕过主要产胶国联盟的壁垒，支持企业在境外布局一批天然橡胶生产加工基地，鼓励有实力的各类所有制企业抱团出海参与境外合作园区建设和运营，增加对国际天然橡胶资源的控制总量，增强我国在国际橡胶业的影响力，提高我国天然橡胶的供给能力和对全球天然橡胶资源的控制力，保证国家经济安全。

（三）推进境外全产业链建设

以东道国重点鼓励的天然橡胶产业链环节为重点，为产业链各类企业走出去参与境外投资合作搭建平台，以育种研发、加工、仓储、物流体系建设等为重点，提升产业链环节上企业资源整合、优势互补，形成功能相互配套、相互衔接的优势产业集群。支持企业与农业科研机构（大学）组成产学研联盟，通过规模扩张加强对农业产业链各个环节的掌握。支持企业建立天然橡胶产销加工储运基地，注重生产加工基地与国内外价值链和流通链之间的结合，实现多链互补和协同发展。支持企业通过参控股方式新建或者收购重要物流节点的港口、码头，重点在东南亚发展天然橡胶仓储物流体系，利用陆海丝绸之路国际运输通道，发展境内外农产品跨境运输，增强国际市场开拓能力。

（四）提升综合服务体系建设

加强境外天然橡胶植保服务体系建设，构建"运转高效、反应迅速、功能齐全、防控有力"的监测、预警和防控系统，加强对境外重点国家天然橡胶病虫害专业监测站、点建设，建立天然橡胶病虫害监测防控研究与信息处理中心，提高监测预警水平。加强与第三方检测机构合作，支持走出去企业建立产品质量检测实验室，提高现有天然橡胶产品检测机构装备水平，提升质量检测服务能力。提升境外市场与物流体系建设水平，支持企业在目标国构建天然橡胶仓储、物流设施，升级改造电子商务交易平台，建立国际化的天然橡胶产品电子交易平台，整合市场资源，扩大交易量，提升流通效率。

三、产业与市场布局建议

（一）天然橡胶种植的区域选择

从空间布局来看，我国天然橡胶企业重点投资区域可以分成两类：一是东南亚国家中与中国毗邻的柬埔寨、老挝和缅甸三国；二是非洲地区橡胶主产国。

1. 重点区域：东南亚

东南亚是世界天然橡胶的生产基地，同时是中国最大的天然橡胶进口来源地，占中国天然橡胶进口总量的 90％ 以上。中国在天然橡胶贸易方面与东南亚有着极高的贸易依存度，加之中国与东南亚地缘相近，使东南亚成为中国天然橡胶产业合作的最重要的对象。

重点国别：柬埔寨、老挝和缅甸

一是三国属于热带雨林气候，土地肥沃，高温高湿，是理想的天然橡胶种植区域，宜胶荒地多，开发潜力大。柬埔寨、老挝和缅甸三国都有大量宜胶荒地可供开发，天然橡胶发展空间巨大；二是三国典型的农业国家，经济落后，劳动力成本低；天然橡胶种植属劳动密集型产业，三国低廉的劳动力成本和丰富的劳动力资源有利于天然橡胶产业的发展；三是三国与中国毗邻，运输便利，物流成本低；四是合作基础好，在缅甸、柬埔寨边境地区替代种植天然橡胶项目，为当地带来了良好的经济效益与社会效益；五是我国对"金三角"地区毒品替代种植扶持力度大，天然橡胶企业走出去可以充分利用该项政策优惠。

2. 次重点区域：非洲地区

非洲地区的自然条件较好，天然橡胶的生产潜力较大。非洲国家作为仅次于东南亚国家的第二大天然橡胶产区，其天然橡胶产量占全球的 6％ 左右。尽管目前的天然橡胶总产量不高，但非洲有着适宜天然橡胶生产和种植的气候条件，还有着大量的土地资源，租地价格较东南亚地区低。同时，劳动力资源丰富，成本极低，非洲是东南亚地区理想的替代种植区域。

重点国别：科特迪瓦、喀麦隆、加纳、加蓬

一是我国历来重视与非洲国家关系，支持非洲各国建设了大批的援助项目，中非经贸合作基础良好；二是非洲地区天然橡胶生产国，工业化程度低，经济落后，农业发展资金匮乏，国家天然橡胶 95% 以上是直接作为原材料出口，加工能力差，对中国农业投资、技术和加工需求迫切；三是科特迪瓦、喀麦隆、加纳、加蓬等国家自身天然橡胶种植业相比非洲其他国家而言相对成熟，有一定的合作基础。

（二）天然橡胶加工仓储物流的区域选择

1. 重点区域：泰国、马来西亚和印度尼西亚

一是这些国家的自然条件较好，基础设施建设也比较完善，本身就是天然橡胶种植业较为成熟的国家，橡胶产量大，加工原料充足；二是三国是中国最大的天然橡胶供应国，出口到中国的橡胶在当地经过深加工之后，能有效降低我国的橡胶进口成本尤其是节约运输成本；三是广东农垦、海南农垦、中化国际公司已经在这些国家以各种形式进行投资，取得了一定的规模效应，合作经验丰富，合作模式可行。

2. 次重点区域：柬埔寨、缅甸、老挝和科特迪瓦

一是以上四国与中国关系融洽，政治关系稳固，中国与四国在许多重大国际和地区问题上有着广泛共识，并保持良好合作态势，中国定期向四国提供大量的经济技术援助，深得四国政府和国民的信任；二是柬埔寨、缅甸、老挝地理位置优越，与中国毗邻，四国的橡胶产量都很大，缅甸、老挝与中国相邻，海运和陆路运输均可，科特迪瓦有便利的海运通道，加工产品可销往欧洲市场。

（三）天然橡胶产业市场选择

中国天然橡胶产业走出去，从市场选择来看，主要是满足国内天然橡胶进口的需求，其次是满足国际市场的需要。目前中国天然橡胶境外产能大约

在 350 万吨左右，实际产量达到 70 万吨左右，其中绝大部分是标准胶。在这大约 70 万吨的境外产量中，享受替代种植政策的，大约有 3 万吨享受免关税配额返销回国内，30 万吨通过国际贸易返销回国内，其余的直接进入国际市场。

1. 满足国内市场需求

目前中国天然橡胶走出去，境外产能主要布局在东南亚，其产能大约占到境外产能总量的 90%，即 320 万吨左右。东南亚与中国地缘相近，贸易相通，因此天然橡胶在东南亚的产能首先还是瞄准国内需求，延伸产业链条，上下游对接，上游种植企业与下游加工企业、用胶大户进行捆绑，力争200 万吨左右返销国内，既消耗境外产能，也满足国内需求。

2. 直接进入国际市场

天然橡胶走出去企业，应该秉承国际大胶商的理念，产品的销售不能死死盯住国内市场，要将产品直接打入国际市场。中国天然橡胶境外产能的消耗必须依托国际市场，增加在国际市场的天然橡胶流通量，从另外一个层面保障国家天然橡胶战略物资的安全。在泰国、印度尼西亚、马来西亚、老挝、缅甸等国家的天然橡胶境外产能除了运回国内的 200 万吨之外，其余大约 120 万吨可以考虑通过国际贸易出口到日本、韩国、欧盟和美国等。另外在非洲等其他区域的产能，大约 30 万吨左右，一部分满足非洲本土国家（例如南非）的消费外，大部分可以考虑出口到欧盟等地。

（四）天然橡胶进口贸易区域布局

1. 重点区域：泰国、印度尼西亚、越南、老挝、马来西亚和缅甸

重点区域是我国布局天然橡胶进口来源地的首选，包括泰国、印度尼西亚、越南、老挝、马来西亚和缅甸。这六个国家橡胶种植潜在林地、水资源和劳动力资源非常丰富，天然橡胶单位面积产量高，出口规模大，营商环境及与中国的双边关系相对稳定。综合考虑现有资源禀赋、生产条件、贸易水平和双边关系基础等因素，该区域目前可以作为中国天然橡胶进口的重点区域。

2. 次重点区域：尼日利亚、柬埔寨、科特迪瓦

该区各国发展天然橡胶产业的资源禀赋相对优越，尤其是尼日利亚单位林地农业劳动力远高于其他国家。科特迪瓦单产水平仅低于越南，营商环境与双边关系甚至高于核心区，柬埔寨、科特迪瓦天然橡胶产业处于快速上升期，2021 年 1—7 月，科特迪瓦天然橡胶出口量已经达到 60.55 万吨，同比增长了 10.2%，柬埔寨天然橡胶出口量已经超过 13 万吨，同比增长接近 10%。该区域虽然目前产量相对较低，但是未来也可以为中国提供天然橡胶，可以作为我国天然橡胶进口的次重点区域。

四、保障条件

(一)加强组织领导

天然橡胶是战略资源，应切实加强组织领导，在农业对外合作"十四五"规划基础上，制定天然橡胶产业走出去规划。各部门、各级政府要明确职责分工，加强协调配合，认真落实布局要求，因地制宜编制适合本地区特点和优势、操作性强的走出去工作方案和技术方案，确保规划落实到位。

(二)强化政策扶持

推动国内天然橡胶良种推广补贴以及植胶、抚育补贴等各项惠胶政策境外延伸，进一步扩大补贴范围。在稳定天然橡胶贸易政策的基础上，进一步完善天然橡胶进出口关税调控机制，结合国内产业现状，针对企业在海外生产的不同天然橡胶产品种类研究出台临时性差别关税税率方案。鼓励和支持国内企业走出去发展橡胶种植、天然橡胶加工和贸易，缓解国内天然橡胶供需矛盾，加强对国际橡胶资源的掌控能力。完善国家天然橡胶储备调节机制，研究探索目标价格补贴机制，稳定国内天然橡胶市场。

(三)加大投入力度

各级政府要加大财政支持力度，增加对天然橡胶科研、生产、加工、营销全产业链的资金投入，支持具有国际竞争力的天然橡胶企业联合金融机构、社会资本发起成立天然橡胶产业发展基金，积极引导资金向优势主产区和重点建设环节倾斜，支持天然橡胶种苗中心、示范基地及培训中心建设，促进我国天然橡胶产业可持续发展。

(四) 优化进口布局

未雨绸缪，继续优化未来我国天然橡胶进口格局。我国天然橡胶进口重点国别（地区）目前可以分为两个层面：第一个层面是泰国、印度尼西亚、越南、老挝、马来西亚、缅甸；第二个层面则是尼日利亚、柬埔寨、科特迪瓦。因此，现阶段在我国布局未来天然橡胶进口过程中，需要充分认清形势，因势利导，做好克服困难挑战和把握机遇的准备。

一是重点巩固和扩大对老挝、印度尼西亚、缅甸、马来西亚、柬埔寨的天然橡胶投资合作。鼓励通过走出去、合资合作等方式在各国天然橡胶主产区建设天然橡胶生产基地、加工厂、物流仓储设施，开展全产业链布局，促进国企、民企和产业链上下游企业协作，配齐天然橡胶种植、加工、仓储、物流全产业链，加强对天然橡胶生产、加工、贸易、物流产业链的控制，掌握天然橡胶海外供应和贸易主动权。

二是以基础设施建设和技术研发合作先行，积极探索与科特迪瓦、尼日利亚等国天然橡胶可持续合作模式。科特迪瓦、尼日利亚等国在资源条件、生产水平、贸易水平等方面存在短板和缺陷，反映出制约其天然橡胶产业发展的关键因素在于农业基础设施建设和技术研发投入不足。我国在这两方面具备比较优势，这些国家对中国都有较强的合作意愿或技术合作基础，因此，可鼓励支持企业和科研机构对这些国家开展农业基础设施建设以及天然橡胶种质资源繁育、试种和技术合作等，并探索推广可持续合作模式，为后续向经贸领域延伸奠定扎实的基础。

三是短期中尽力维护和保障对泰国、越南、马来西亚、印度尼西亚的天然橡胶进口渠道，避免进口突然中断，最大程度降低进口结构转型风险。我国天然橡胶进口需求大，短期中很难改变这些国家作为我国主要进口来源国的地位。因此，我国在短期内需要承担一定压力，尽力维系这四个进口来源国的天然橡胶供应地位，既避免这四个国家仓促"断供"，又保证其进口份额逐渐下调，从而逐步实现我国天然橡胶进口结构的成功转型。

参 考 文 献

Dr. Lim Sow Shing，1987. 邹辛. 马来西亚的天然橡胶 [J]. 橡胶译丛 (2)：72-79.

Viengsouk LASOUKANH（万苏）. 2014. 老挝橡胶种植现状及对社会经济和环境的影响 [D]. 长春：吉林大学.

安彩利. 2018. 中国与泰国产业合作研究——以天然橡胶产业为例 [D]. 北京：对外经济贸易大学.

布仁门德. 2016. 中国天然橡胶产业国际合作中的区域选择及建议 [J]. 世界农业 (8)：204-208.

曾恩恩（THAWANRAT JANEKUNPRASOOT）. 2020. 经济全球化背景下泰国天然橡胶产业发展的对策研究 [D]. 厦门：集美大学.

曾宪海，黄华孙，林位夫，等. 2006. 缅甸天然橡胶产业发展现状 [J]. 热带农业科学 (5)：8-13，16.

曾祥俊. 2016. 与世界同步迈向产业化进程的蒲公英橡胶 [J]. 黑龙江科学，7 (22)：134-135.

曾毓庄. 1983. 巴西天然橡胶业 [J]. 中国农垦 (11)：29.

郭又新. 2012. 简析柬埔寨天然橡胶业的发展 [J]. 东南亚研究 (3)：20-24.

黄宝石. 2015. 泰国天然橡胶在中国市场的比较优势研究 [D]. 杭州：浙江大学.

黄承和. 1998. 利比里亚发展天然橡胶业 [J]. 世界热带农业信息 (7)：6.

黄慧德. 2017. 马来西亚橡胶种植与进出口情况 [J]. 世界热带农业信息 (7)：12-16.

黄佩妮. 2019. 印度尼西亚对中国橡胶出口贸易研究 [D]. 合肥：安徽大学.

黄先明. 2006. 天然橡胶国际价格形成机制研究 [D]. 南昌：江西财经大学.

江军，张慧坚，王俊峰. 2020. 全球化视野下的中国天然橡胶资源供给安全研究 [M]. 北京：中国农业科学技术出版社.

江梅，黄循精. 1994. 斯里兰卡天然橡胶业近况 [J]. 世界热带农业信息 (12)：11-12.

靳蕴珍. 2010. 天然橡胶国际价格形成机制经济学分析 [D]. 昆明：云南财经大学.

柯佑鹏，过建春，张赛丽. 2010. 世界天然橡胶经济研究 [M]. 北京：经济科学出版社.

柯佑鹏，过建春，张赛丽. 2010. 天然橡胶战略资源全球获取问题研究 [M]. 北京：经济科学出版社.

李光辉 . 2016. 2015 年天然橡胶产业发展报告及形势预测 [J]. 世界热带农业信息（8）：
　　1 - 8.

李正平，陈云森，李维锐，等 . 2018. 老挝橡胶园资源价值调查与评价 [J]. 中国热带农业
　　（2）：25 - 27.

梁琰 . 2017. 全球天然橡胶供需及价格走势分析 [N]. 期货日报，07 - 18（03）.

廖雨葳，罗富晟 . 2019. 中越天然橡胶产业对比分析 [J]. 农村经济与科技，30（16）：
　　129 - 131.

林草 . 2005. 印度天然橡胶业 [J]. 世界热带农业信息（9）：6 - 8.

林野 . 1998. 巴西的天然橡胶业 [J]. 世界热带农业信息（6）：4 - 6.

刘锐金，魏宏杰，杨琳 . 2013. 天然橡胶价格波动研究：规律发现、市场关联与形成机制
　　[M]. 北京：中国经济出版社 .

刘少军，王斌，李伟光，等 . 2017. 全球天然橡胶种植的潜在气候适宜区预测 [J]. 湖北农
　　业科学，56（4）：654 - 656，660.

刘少军 . 2018. 中国橡胶树主产区产胶能力分布特征研究 [J]. 西北林学院学报（3）：
　　137 - 143.

刘威 . 2015. 中国天然橡胶市场需求分析与发展商机研究报告 [J]. 中外企业家（4）：
　　54 - 55.

卢琨 . 2016. "一带一路"沿线国家天然橡胶补贴政策比较研究 [J]. 热带农业工程 40
　　（04）：49 - 52.

罗卫云 . 1998. 法国橡胶工业 [J]. 世界橡胶工业（3）：59 - 63.

莫善文 . 1999. 越南的天然橡胶业 [J]. 广西热作科技（2）：56 - 58.

莫业勇 . 2021. 2020 年国内外天然橡胶产业形势和 2021 年展望 [J]. 中国热带农业（2）：
　　19 - 23.

莫业勇 . 2017. 柬埔寨的天然橡胶产业 [J]. 中国热带农业（1）：40 - 42.

莫业勇 . 2014. 全球有 60 多个国家生产天然橡胶 [J]. 中国热带农业（5）：75 - 76.

裴雨飞 . 2019. 金砖国家橡胶工业发展现状——巴西篇 [J]. 中国橡胶，35（2）：24 - 27.

裴雨飞 . 2019. 金砖国家橡胶工业发展现状——俄罗斯 [J]. 中国橡胶，35（3）：23 - 25.

裴雨飞 . 2019. 金砖国家橡胶工业发展现状——南非 [J]. 中国橡胶，35（11）：18 - 19.

裴雨飞 . 2019. 金砖国家橡胶工业发展现状——印度 [J]. 中国橡胶，35（5）：26 - 28.

乔建明 . 2011. 非洲加蓬共和国农业现状及发展对策初探 [J]. 新疆农垦科技，34（2）：
　　74 - 76.

邱小强 . 2009. 中国天然橡胶科技创新与发展 [J]. 世界热带农业信息（12）：8 - 14.

孙娟 . 2014. 国际天然橡胶价格波动因素分析 [J]. 世界农业（11）：88 - 93.

谈玉坤．2005．浅谈中国轮胎工业长期发展趋势［J］．中国橡胶（23）：3-7．

王守聪．2014．树立"战略热作 绿色热作 产业热作"理念全力打造高端热作产业［J］．中国热带农业（3）：4-8．

王小芳．2011．中国橡胶工业协会组团赴美国考察［J］．中国橡胶，27（22）：7-9．

王小芳．2014．中橡协组团赴俄罗斯和波兰考察［J］．中国橡胶，30（20）：15-17．

王云忠．2016．南联山农场橡胶树害虫的发生及防治建议［J］．农业科技通讯（3）：158-160．

魏宏杰，刘锐金，杨琳．2012．我国橡胶林碳汇贸易潜力的实证分析［J］．热带农业科学，32（5）：81-86．

吴家政．2016．农垦企业"走出去"发展天然橡胶产业的区域选择理论与实践探索［J］．当代经济（10）：62-65．

吴丽雅．2015．泰国天然橡胶出口中国的竞争力研究［D］．沈阳：东北大学．

肖玉．1983．费尔斯通公司与利比里亚橡胶生产［J］．世界农业（6）：60．

徐瑾．2012．橡胶复合材料磨耗的实验及机理研究［D］．青岛：青岛科技大学．

徐文英．2020．2019年印度轮胎进出口情况分析［J］．中国橡胶（8）：19-21．

徐文英．2010．中国橡胶工业协会组团访问美国和加拿大［J］．中国橡胶，26（22）：4-8．

徐文英．2012．中国橡胶工业协会组团赴美国考察［J］．中国橡胶，28（23）：9-13．

徐扬川．2018．关于天然橡胶产业发展的几点建议［J］．农业科技通讯（11）：23-25．

许灿光．2015．我国天然橡胶"走出去"战略的区域选择研究［J］．热带农业科学（7）：69-75．

许能锐，张红，熊庆．2012．泰国天然橡胶产业现状及扶持政策分析［J］．世界农业（12）：97-99．

杨光．2017．中国与马来西亚天然橡胶竞争力比较分析［D］．海口：海南大学．

杨国峰．2000．加蓬的胶粮间作系统［J］．世界热带农业信息（6）：1-2．

杨连珍．2006．马来西亚天然橡胶研究概况［J］．世界热带农业信息（3）：1-2．

杨连珍．2007．缅甸橡胶种植业［J］．世界热带农业信息（7）：16-17．

杨连珍．2007．泰国天然橡胶生产及贸易［J］．世界农业（9）：29-32．

杨连珍．2005．印度尼西亚天然橡胶业［J］．世界热带农业信息（12）：1-2．

杨连珍．2007．印度尼西亚天然橡胶业发展分析［J］．世界热带农业信息（4）：1-6．

杨云匀．2016．中国与东南亚天然橡胶产业合作研究［J］．世界农业（12）：164-168．

姚元园．2014．东南亚天然橡胶产业研究［D］．厦门：厦门大学．

张成光（TRUONG THANH QUANG）．2016．越南天然橡胶出口贸易的竞争力研究［D］．武汉：华中农业大学．

张嘉仪.2015.泰国天然橡胶产业的发展研究［D］.昆明：云南大学.

张孟.2020.老挝天然橡胶产业现状及问题分析［J］.橡胶科技，18（1）：9-12.

张祥龙.2018.中橡协考察巴西和阿根廷橡胶工业［J］.中国橡胶，34（8）：18-23.

郑淑娟，罗金辉.2018.马来西亚近10年橡胶产业情况［J］.中国热带农业（4）：33-37.

郑淑娟.2019.2019年印度天然橡胶政策［J］.世界热带农业信息（7）：7-11.

郑淑娟.2018.印度近10年天然橡胶产业简析［J］.世界热带农业信息（9）：14-17.

周盘奇.2013.我国橡胶期货套期保值效率的研究［D］.上海：上海师范大学.

周钟毓.1999.马来西亚的天然橡胶业［J］.世界农业（11）：41-42.

邹文涛.2014.中国天然橡胶"走出去"战略：形势、问题与对策［J］.世界农业（12）：157-161.

http：//www.anrpc.org/html/member-coutry-info.aspx？ID=81&PID=82.

http：//www.fao.org/faostat/en/#data/QC.

http：//www.rubberstudy.com/.

https：//comtrade.un.org/data/.